地方自治ジャーナルブックレッ

地方財政健全化法で財政破綻は阻止できるか

―夕張・篠山市の財政運営責任を追求する―

高寄 昇三

公人の友社

はしがき

　政府は、地方財政健全化法を制定して、自治体経営の適正化について、積極的指導をうちだした。従来、政府の地方財政への基本的姿勢は、財源給付と許認可であったが、外郭団体の破産・粉飾決算など、自治体経営の紊乱に、しびれをきらし、公営企業のみでなく、全自治体財政の運営指導に踏み切った。
　たしかに外郭団体の乱脈経営など、自治体経営は、目に余るものがある。しかし、夕張市・篠山市の財政破産の実態をみると、政府自身の財政施策が、破綻を増幅させている。政府は国・地方の財政関係も、許認可・財源操作ベースから、自治体の自立的経営を促すシステム誘導へのコペルニスク的転換を図っていくことを、悟るべきである。戦後地方財政制度は、半世紀以上もたち、制度疲労をきたし、再編成の転機を迎えている。
　夕張市の財政破産、篠山市の財政危機は、当該自治体の問題ではなく、実は戦後地方自治を、形づくり指導してきた、補助金・交付税・地方債の特例措置方式という、政府の制度運用の破綻という、側面は否定できない。
　夕張市財政の破綻について、菅総務大臣は「自治体の財政運営は自己責任で、夕張市の破綻も自己責任」（平成17年2月、国会答弁）と、繰り返し答弁している。たしかに粉飾決算までした、夕張市の背信行為は、弁解の余地はない。しかし、過労死について、「労働者個人の健康管理の問題」と言明した、経営者と同類の言動である。
　政府は、交付税財源不足を、自治体地方債、建設債を発行させ、後年度に交付税で補填し、あわせて景気浮上のため、地方単独事業を拡大させた。バブル経済がはじけても、政府は公共投資による、景気浮上の役割を自治体にかぶせ、財源補填措置による財政膨張施策を、自治体に求め、地方財政破綻を誘発させた。

そして交付税会計による、借入金方式も息詰まると、地方財政引き締めに方向転換したが、場当たり的で方針なき膨張・圧縮は、銀行がゼネコンに無理やり、資金を注入し、不良債権化すると、資金を急速に引上げていったのと、酷似している。
　これら施策は、高度成長期の産業基盤整備優先の、地方財政誘導措置の延長線上にあった。政府は自治体の財政運営を、財源注入と天下り人事という、省庁利益確保をベースにしてきたが、規制緩和・自主運営の時代において、淘汰されるべき、支配システムである。
　大切なことは、自治体経営の破綻を、個々の自治体の経営失敗に、矮小化することなく、地方行財政の制度・運用・経営システムを、より自治的システムへの改革契機となすことである。すなわち政府の規制措置が、自治体財政の破綻をまねき、自治体経営マインドをスポイルしてきた事実を認識すべきである。
　政府は、この度、財政健全化法を制定し、自治体の財政運用の監視システムを強化したが、自治体財政の自立的運営を損なってきた、地方財政の欠陥構造・メカニズムには、メスを入れていない。これでは地方財政破綻の震源地は、そのままであり、再度、財政破産団体が、発生する恐れは十分にある。
　一方、自治体は減量化に懸命であり、財政再建団体への転落を、必死に防ごうとしている。しかし、昨年末、大阪府でも3,500億円の赤字隠しが発覚し、自治体の官僚的病巣は蔓延しており、公会計・市民統制による浄化システムの形成が、焦眉の課題となった。
　第1に、近年の地方財政運営をみると、裏金・カラ出張支出、地方議会の調査費流用、外郭団体の不正経理など、枚挙にいとまがないほど、無数に頻発している。しかもこれらの不祥事は、再度、繰り返される恐れは十分にある。
　かって和歌山県下津町（昭和59年、収入役約30億円使い込み）で発生した、収入役の公金横領事件は、17年後、平成13年高知県土佐山村の収入役事件（使い込み13.5億円、標準財政規模10億円）として、まったく同類の事件が、発生している。しかも横領金額は、当該町村の財政規模の半分に匹敵する。東

京都であれば4兆円、大阪市であれば1兆円になるであろう。

　第2に、地方団体への財政支援は、どうあるべきか、政府は虚心に反省すべきである。省益の利権を優先させた、財源措置は、自治体の政府への依存心を、いたずらに増殖させている。交付税の補助金化は、総務省の地方支配という、利権の培養と疑いたくなる。

　また地方債許可制が、自治体の経営マインドをスポイルし、交付税の特例措置が、自治体の財源依存症を、肥大化させている。政府は、地方団体に財源さえ、与えればよいのでなく、どういう与え方をするかを、真剣に考えるべきである。

　健全化法が、地方財政破綻の予知・予防機能を発揮でき、公会計形成をつうじて、財政運営の適正化に貢献するかどうかは、政府・自治体の今後の対応にかかっている。

　地方財政健全化施策の実効性を、定着させるため、財政破綻の典型的事例として、外郭団体破綻で、注目された北海道夕張市と、平成合併の財政危機で関心の集まった、篠山市を、対象にして問題を分析した。

　両市とも財政悪化にもかかわらず、早期診断、早期治療に失敗している。政治的には首長の政権への執着心、財政的には政府の財政支援の抑制・削減が悪化を増幅させた。行政的には財政診断の義務化・公開化、運営システムの政策科学化の欠落が致命傷となった。

　このような事態をふまえて自治体財政運営健全化のあるべき方向と、地方財政制度改革の処方箋を描いてみた。

　　平成20年3月31日

　　　　　　　　　　　　　　　　　　　　　　　　　高寄　昇三

目　次

はしがき …………………………………………………………… 3

第1章　夕張市財政破産と自治体経営 ……………………… 9

Ⅰ　財政破産原因の類型化 ………………………………… 10
　1　夕張市財政破産は特殊事例でない ………………… 10
　2　構造的制度的破産は阻止可能か …………………… 11
　3　経営的失敗が破産の主たる原因か ………………… 14

Ⅱ　夕張市財政破産と経営倫理の崩壊 …………………… 19
　1　経済衰退・支援廃止が財政運営を狂わす ………… 19
　2　観光開発・粉飾決算が致命傷となる ……………… 23
　3　産炭地財政指標から破産兆候を摘出する ………… 27
　4　苛酷な財政再建計画をどう評価するか …………… 34

第2章　篠山市財政危機と合併特例債の功罪 …………… 39

Ⅰ　合併特例債活用の後遺症 ……………………………… 40
　1　町村合併のメリット・デメリットを分析する …… 40
　2　合併効果で特例債元利償還ができるか …………… 42

Ⅱ 合併後の財政運営と財政再建計画 …………………… 47
　1 合併財政を類似団体とで比較する ………………… 47
　2 楽観的予測が財政悪化をもたらした ……………… 52
　3 財政健全化計画の遅れが危機の原因である ……… 56

第3章 財政健全化法と地方行財政改革 ………………… 63

Ⅰ 財政健全化法と破産予防機能 …………………………… 64
　1 健全化判断比率は有効に機能するか ……………… 64
　2 会計諸表は健全化に貢献しているか ……………… 68
　3 キーポイントは財政情報の公開である …………… 72

Ⅱ 財政運営責任と自治体改革 ……………………………… 78
　1 財政運営責任は追求できるか ……………………… 78
　2 自己・市民統制システムを再編成する …………… 80
　3 財政運営の科学化・民主化のすすめ ……………… 84

Ⅲ 財政健全化と地方財政改革 ……………………………… 89
　1 交付税補助金が経営マインドをスポイルする …… 89
　2 地方債許可制廃止が自己責任を育む ……………… 93
　3 債権放棄の破産システムを構築する ……………… 96
　4 地域格差是正なき財政健全化は空論である ……… 99

第1章　夕張市財政破産と自治体経営

I　財政破産原因の類型化

1　夕張市財政破産は特殊事例でない

　夕張市の財政破産は、衝撃的であった。第1に、全国のみでなく、夕張市の住民にとって、財政破綻は突然の出来事であった。第2に、赤字返済額が360億円という、途方もない巨額であった。市税収入9.4億円の38.3倍である。連結実質収支比率でも、全国ワーストワンで、連結実質収支比率364.5％（金額159.33億円）、2位の赤平市69.3％（金額6.93億円）を大きく離している。
　第3に、財政再建計画の凄まじさである。平成18年度歳出額568億円が、19年度84億円と、7分の1に減額している。退職金（定年退職）は、平成18年度2,000万円が、22年度には600万円の3分の1になる。バス運賃も一律200円が、最高で930円になる。
　地域社会・市民生活まで破壊して、財政再建を強いる夕張市当局に、抗議が殺到した。総務省にも、夕張市を反面教師に仕立て、減量化を強いるとの、非難が浴びせられ、政府・北海道庁は、夕張市への財政支援を余儀なくされた。
　たしかに夕張市の財政赤字額は、突出している。財政再建団体であった、福岡県赤池町（現福智町）で31.7億円であり、従来はだいたい30億円以下である。観光開発という、第三セクターの経営失敗もさることながら、一時借入金で赤字を、粉飾する悪質な行為である。
　しかも夕張市は、財政破産が、確実となってからも、給与の引上げをするなど、放漫経営ぶりで、自治体としてのガバナンスを完全に喪失していた。総務省としては、夕張市を「みせしめ」にして、「第2の夕張」を阻止するため、厳しい再建計画を、求めずにはいられなかった。

しかし、そこまで苛酷な財政再建計画を強要するのは、片手落ちではないか。第1に、職員はともかく、市民には財政悪化の情報開示はないし、その是正手段も限られている。消費者保護法でも、情報提供は義務であり、地方自治法の欠陥である。

　第2に、夕張市の財政破産は、政府責任の市町村への転嫁が、招いたといえる。産炭地の地域再生という、困難な課題を、財政特別措置だけで、当時、人口5万人もない夕張市に預けて、政府は一件落着と決め込んでしまった。国鉄民営化で不採算路線を、経営補助つきで、地方ローカル線として、地方経営に転換したのと同じで、政府の常套手段である。

　これでは小規模団体は、早晩、財政破産に見舞われる。夕張市以外の産炭地市町の財政は、いずれも破綻寸前である。さらに地域格差の深刻化から、第2、第3の夕張市は、避けがたい状況にある。

　第3に、財政破産の責任は、必ずしもきっちんと処理されていない。まず政府・北海道庁、市長・議会の責任は、宙に浮いたままである。また破産状況の夕張市に、一時借入金を貸し込んだ、金融機関の責任は、棚上げされている。

　自治体破産処理法制は、きわめて不完全・未成熟なもので、財政健全化法でも、改善されていない。同法第12条の再生振替特例債のみであり、無利子か利子補給かは、政府の判断である。民間破産処理なみの債権放棄を、ふくむ処理方式を導入すべきである。

　個人の自己破産でも、債権の減額措置が、されている。民間企業の破産処理は、自治体の第三セクターでも、債権の半分は放棄されている。まして生活サービス機関である、自治体一般会計への不当な貸付金などの債権は、当然、カットされるべき、社会的根拠がある。

2　構造的制度的破産は阻止可能か

　一般的に財政破綻は、経営的要素が目立つが、構造的・制度的・経済的な

複合要因であり、経営問題としてのみ、片付けるべきではない。ただ現在の自治体には、財政制度・運用システムが未成熟で、無責任な経営風土・精神構造の温床が、培養されており、このような体質を、どう治癒していくかが、改革のポイントである。

まず要因を類型化（表1参照）してみると、「構造的要因」は、第1に、社会的構造要因としては、人口急増・急減が発生すると、地方財政は本来、静態的財政需要を前提として、構成されているので、財政運営は行き詰まる。高度成長期、大都市圏での人口増加、過疎地域での人口減少に対応できない事態になった。

政府は、急ぎ人口急増・急減の地方団体に対して、補助金・交付税で、財源的措置をした。それでも社会的構造変化への対応は、個別自治体の能力をこえた、構造的ハンディとして、自治体財政に重くのしかかった。大阪府摂津市のように、保育所超過負担訴訟で、政府を相手に、直接行動に打ってでた自治体もある。

第2に、経済的構造要因としては、産業の衰退による、地域財政への打撃で、夕張市の炭鉱産業は壊滅して、地域経済を死滅させた。夕張市は、新産

表1　地方財政破綻原因の類型

区　分	説　明
構造的要因	地域社会の変動（人口急増・急減）、 地域経済の変動（地場産業の衰退、企業進出の増加）
制度的要因	財源配分改正（地方税改正、交付税率変化、補助金削減）、 特例措置改正（補助率変更、特例措置廃止）
経済的要因	景気変動（地方財政収入・支出の変化）、 事業収支変動（施設・公営企業収支の変化）
経営的要因	過剰投資・人件費・資金のツケ （デベロッパー事業の破綻、箱物行政の負担、財政改革の遅延）

業として観光に、再生の望みを託したが、武士の商法で、累積赤字になり、財政そのものまで、押し潰ぶされた。

しかし、産業構造の変革と、地域経済の再生という、困難な課題は、本来、政府・道府県の責務ではないか。基本的には地域格差是正という、国家的政策を有効に稼働させなかったツケが、地域社会に転嫁された。要するに政府は、補助金行政と公共投資をベースとする、無策の政策注入しかなかった。

もっとも地元市町村が、地域社会の活性化のため、何らかの行動に駆られる。しかし、資本装備型開発は、失敗すると財政破綻に至る、危険な賭けである。福岡県赤池町も、工場団地造成によって、財政破綻の傷口を、大きく広げてしまった。自治体は経済衰退地域での、経済活性化施策は、大都市圏より、失敗の確率が高いという、ハンディを予知し、ソフトな地域振興施策を、選択すべきであった。

「制度的要因」は、第1に、地方財政制度の「構造的欠陥」による、地方財源の減少、地方財政需要の増加である。戦後、昭和30年の地方財政赤字は、典型的な制度的要因の赤字である。

6・3制実施で、財政需要が増加し、朝鮮動乱後の反動不況で、地方税収が減少したが、当時の平衡交付金制度では、この財政危機に対応できず、地方交付税への転換、地方財政再建促進法の制定となった。

今日の地方財政危機の根底には、昭和50年度交付税財源不足における、政府の安易な対応が、構造的原因としてある。さらにこの度の三位一体改革の余波で、大都市圏以外の自治体は、交付税・補助金削減に見合った、地方税の増収がなく、制度的構造的危機に見舞われている。貧困団体ほど、その被害が深刻であり、地域格差をより拡大させた。

第2に、地方財政制度の「運用」にもとづく、財政破綻である。高度成長期、地方税・補助金・交付税・地方債が、四位一体となって、地域開発のための基盤整備を奨励した。安易にこれら施策に乗せられ、財政危機に陥った自治体は、少なくなかった。

今日、地方財政を破綻に導いた原因が、バブル経済崩壊後も、地方単独事

業を督励した政府施策の誤謬の選択にあることは、否定できない。合併特例債方式も、政府施策による、財政肥大化の誘因と化したことは、制度運用からくる、財政破綻である。

「経済的要因」は、第1に、景気変動による、歳入・歳出の変化の対応である。たとえば景気低迷にもとづく、地方税減収である。地方交付税不交付団体の東京都・大阪府などを、平成不況は直撃した。

地方交付税の交付団体は、交付税という財政調整機能を、政府が果たすシステムになっているが、不交付団体は、自前主義であり、本来、財政調整基金で対応すべきであった。しかし、東京都・大阪府などでも、海面埋立事業などの地域開発事業に投入し、財政調整基金は、必ずしも十分でなかった。

第2に、景気変動による、事業収支の変動である。地価下落・物価上昇・消費低迷などは、地方公営企業にとっては、経営収支のマイナス要因として作用する。多くの場合、物価上昇分を、公共料金の値上げで、補填することは不可能で、事業赤字が拡大する。

また好景気では、開発事業などは、地価上昇にもとづく、インフレメリットとしての、キャピタル・ゲインを満喫できる。しかし、多くの場合、自治体は収益にもとづく、経営拡大路線を走り、不景気の地価下落に見舞われ、経営破綻するケースが多い。すなわち内部留保の厚い、安定経営戦略を心がけるべきであった。

3　経営的失敗が破産の主たる原因か

「経営的要因」は、第1に、地域振興事業の失敗である。地域開発事業は当初、バラ色の未来を描くので、財政力を無視して着工する。ことに外郭団体方式は、実際の事業費を小さくみせるので、事業化への合意形成が容易となる。

しかし、外郭団体方式は、事業経営への外部統制・民主的コントロールが、機能しないため、経営は無責任となり、ある時点で突如、膨大な赤字が発覚

する。結果として当該地方団体は、脳梗塞のように、突発的財政破綻で倒れる。

　大規模自治体の開発プロジェクトにおける、巨額の損失は、財政破綻には至っていないが、財政悪化の要因には変わりない[1]。

　一般的に地域振興施策は、大都市圏は別として、成功の確立がきわめて低い。しかも、政府は金融商品取引法のように、事業リスクの告知義務はない。多くの町村が、これらの開発熱に煽られて、事業損失をかかえ泣きをみたが、折角の交付税措置も、損失補填に流用されたのではないか。

　これら開発施策の失敗は、自治体の経営失敗とみなされるが、政府施策の失敗による結果でもある。たとえば新産業都市にみられるように、当初の数箇所が、20数箇所となり、水島・鹿島など以外は、ほとんどが事業破綻となった。

　さらに新産業都市でもない、東京・大阪湾沿岸の千葉・堺・加古川などの、コンビナート立地を認めたため、非大都市圏の新産業都市への企業進出断念を決定的にした。

　政府施策の甘さが、新産都市失敗の最大の原因である。政府はその後も、リゾート開発、テクノ振興など、手をかえ品をかえて、特定目的・特定地域への開発優遇措置をベースとする、地域開発施策を展開し、失敗している。

　まさに中央省庁は、懲りることなく、自治体は反省することなく追随し、バラ色の夢を追い、プロジェクト挫折、赤字補填の増加という愚挙がくり返されている。このような政府の開発優先の夢に、安易に乗った自治体が悪いといえば、それまでであるが、人参をぶら下げて、誤った施策へ誘導した、政府の責任は不問とされるべきでない。

　平成11年、青森県大鰐町（平成11年度標準財政規模40億円）で、第三セクターの温泉リゾート・スパガーデンが、経営破綻し、負債80億円が発覚し、町当局が債務を引受けざるをえなくなった。政府のリゾート開発に踊らされてた過疎町村の悲劇である。

　人口1万4,000人、平成12年度財政規模68.6億円、町税8.2億円の町にとって、余りにも過大な支払債務となった。バブル経済期の銀行と同様に、金融

機関は大鰐町に法外な融資を、強引に貸し込んだに等しい。

地方財政運営において、一般的には政府が減量経営を、金科玉条の如く、地方団体に強要していると思われいるが、実は反対である。

ことに悪名高いのが、地方建設事業債を、交付税にもとづく、補填財源調達手段として活用し、地方団体に必要以上の公共投資を奨励したことである。「現在、財政の危機的状況に苦しんでいる自治体の多くが、実は過去の政府の政策に忠実に従っていた歴史を共有している」[2]といわれている[3]。

第2に、公共投資、収益的開発事業のみでなく、一般の公共投資でも事前抑止は、困難であり、滋賀県栗東町の新幹線新駅設置は、例外的ケースである。それでも一部関連事業は、着工されており、中止の後始末は、財政負担をともなうのが、普通である。

事業がスタートすると、中止までに事業費がふくらみ、中止がますます困難となり、中止に成功しても、すでに投資した分が、ムダになり、補助事業では補助金の返還という、二重の負担に見舞われる。どうしても事前の計画中止で、なければならない。自治体における事業決定の不備が原因である。

合併特例債事業でも、実質的3分の2補助であるので、背伸びして過大な箱物行政になる。一般的な放漫財政運営のツケが、財政を圧迫し、収支バランスが崩れ、財政破綻に陥る。福岡県赤池町以前の赤字再建団体は、この箱物行政が原因のケースが多い。

地方交付税の地方債元利償還補填方式も、箱物行政を肥大化させ、合併特例措置の建設事業債方式も同様である。しかし、それはあくまでも、財政破綻・財政危機をもたらさない、限度での建設事業でなければならない。

第3に、財政運営の失敗、放漫財政のツケである。自治体の財政悪化の症状は、平凡な財政指標で判断できるが、多くの場合、財政運営において、粉飾決算が施され、財政危機の顕在化が、遅れる場合が多い。

二重帳簿、赤字隠し、債務移しなどである。早期、財政再建に踏み切るべきであるが、政治的要素から、財政膨張の原因をつくりだした首長が、在任中には財政再建に対処しない。すなわち財政破綻の問題は、財政・会計学の

問題でなく、政治学行政学の問題である。

　政権交替後、財政再建計画を策定しても、その時点では、財政症状は極度の重症であり、時として死亡直前といった、手遅れになっている。

　自治体は、財政収支指標にもとづく、危険信号を無視し、地域振興とかサービス拡大などの美名のもとに、暴走する傾向がある。このような無茶な財政運営を阻止する会計システムが、稼働しないからである。

　すなわち首長・議会・職員・市民のすべてが、地方自治法によって、付与された、監視・抑制機能という自己管理責任を履行していない、ガバナンスの機能不全にある。しかも無謀な財政運営が、外面だけみれば美化され、財政状況の実態は、隠蔽されてしまう。

　自治体財政破綻は、構造・制度・経済的要因は、無視できないが、財源的には交付税で、かなりカバーされている。自治体が自律的に財政運営をなすという、独立的精神・技術が、未熟であることが、膨張の抑止力をひ弱にしている。

　夕張市の財政破産でも、早期に再建計画を開始しておれば、財政再建団体への転落は、回避できたかも知れない。しかし、現実は夕張市が、違法の借入金方式で、粉飾決算までして、再建計画を、先延ばしたツケが、悲惨なまでの財政再建計画となった。

　現在の地方自治制度は、実際の機能・効果を検証して、改正されていない。無理な財政運営を阻止する、システムは中央政府の許認可とか、議会の監視機能とかに、依存しているが、機能不全と化している。

　しかも市民統制システムは、地方自治法のさまざまの防禦システムで、形骸化・空洞化しており、わずかにNPOなどの、インフォーマルな市民活動の住民訴訟などで、自治体の不正財政支出を、摘出しているに過ぎない。改革されるべきは、財政健全化法という、上からの中央統制でなく、下からの市民統制システムの強化である。

　地方財政改革の核心は、自治体の自立的経営マインドが、どうすれば発揮できるのかである。中央統制の厳格化か、地方自治の自治権拡大かの議論で

はなく、中央政府の規制強化ではなく市民統制・参加のもとで、自治体経営マインドをどう育成するかである。

(1) 東京都の臨海副都心関係第三セクター6社の平成14年度、単年度赤字は110.4億円、累積赤字1,500億円であり、長期借入金2,703億円である。如何に東京都が、大規模自治体といえども、大きいな財政圧迫要因である。それは開発事業の赤字だけでなく、公営企業、特別会計など多くの赤字を、抱えているからである。ただこれらの開発事業の赤字は、第三セクターなどであり、民事再生処理として債権額を圧縮して、一般会計が損失を埋める方式が一般化しつつある。東京都では平成13年度に「多摩ニュータウン開発センター」について、債権額342億円のうち6割強の218億円（東京都85億円、放棄率76％、金融機関96億円、放棄率65％）で、処理している。
(2) 片山善博「自治体の財政破綻を防ぐには」『地域政策』・平成19年夏季号、13頁。以下、片山・前掲論文
(3) このような政府の公共投資奨励策に便乗した、自治体の責任、ことに首長の責任は免れず、経営的責任として浮上してくる。この点について、政府としては、「実際にそれに乗って事業を実施したのはほかならぬ自治体だ……政府は慫慂はしたが、決して強制まではしていない。あくまで借金を含めて事業選択したのは自治体であり、したがって、自治体自身の責任は免れない」（片山・前掲論文14頁）と、判断されている。要するに償還財源付きの地方債といった、濡れ手に粟のような眉唾物の奨励措置に、「全国で3200ほどあった自治体のほとんどは、政府の『うまい話』に乗せられてしまったのである。全国の自治体に『考える力がなかった』と、批判されても仕方あるまい」（同前14頁）と、突き放なされている。

II 夕張市財政破産と経営倫理の崩壊

1 経済衰退・支援廃止が財政運営を狂わす

　夕張市の財政破綻要因は、結論からいえば、複合的要因である。「構造的要因」としては、第1に、社会的構造要因である。地域人口の激減、地域経済の崩壊である。炭鉱閉山による企業・人口の減少である。人口が昭和35年の国政調査で11万1,608人を記録したが、平成17年国政調査では、1万3,002人まで落ち込んでいる。

　夕張市は45年間で、人口が10分の1に激減した。長期であるが、想像を絶する減少であり、個別自治体の努力で、地域再生ができる状況にはない。それでも夕張市は、座して安楽死を、覚悟するわけにはいかず、果敢に過疎化に挑戦した。一時は成功かにみえたが、無理な開発戦略は、事業破綻の憂き目をみてしまった。

　もし東京の人口が、1,000万人から100万人に減少したら、東京都の財政は破綻するか、余程、すぐれた都知事がつづき、縮小均衡を選択し、小東京へと軟着陸に成功するという、奇跡の財政運営に、のぞみを託するしかない。

　しかも、東京都は現在でも、成長路線を突っ走っており、その財政運営方針の転換はない。成長施策は、自治体の悲しき性であり、経済衰退の夕張市では、なおさら開発志向性は強かった。

　第2に、経済的構造要因である。地域経済の低迷・衰退は、構造的要因であり、当該自治体が、頑張ったからといて、成長軌道に再度、乗せる可能性は小さい。

横浜・神戸市を比較すると、昭和30年当時、横浜市118万人、神戸市98万人であったが、現在は横浜市358万人、神戸市158万人である。この差は、横浜市の卓抜した経営施策の結果でなく、首都圏という有利な経済圏の波及効果である。

しかし、横浜市市民は、神戸市市民より、幸せかという、必ずしもそうとはいえない。人口激減は困るが、緩慢な減少・増加は、地方財政運営において、それほどの阻害要素・悪化要因ではない。

もっとも神戸市が、海面埋立・ニュータウン建設事業を、積極的に展開しなければ、人口は100万人のままであったであろうが、横浜市との格差が、それで縮小する状況ではない。

ただ地域振興策として、自治体がどのような施策を選択するかである。できれば民間デベロッパーに進出を願い、それができなければ、もっとも地道な公共投資の少ない、地場産業の高付加価値化、生活文化産業の創出など、非装置型の地域振興策を、展開するのが無難である。

夕張市の地域振興策は、夕張メロンとか夕張映画祭とかの施策と、資本装備型の石炭歴史村などの観光産業があったが、非資本型のみであれば、財政破綻の傷口も、小さくて済んだといえる。

しかも夕張市は、折角、誘致した民間企業が、つぎつぎと撤退する過程で、その施設を地域雇用のために、買収していったが、その精神は崇高であっても、地域戦略としては、過重な責務を背負い込んだといえる。

「制度的要因」としては、「制度の構造的欠陥」は、地域経済の崩壊に対する、地方財政措置が、必ずしも有効に機能していないことである。しかし、夕張市の場合、「制度の運用的変更」が、膨張路線をとってきたため、急ブレーキとなり、財政破綻へと転がっていった。

制度運用の変更は、第1に、「優遇措置の廃止」である。優遇措置は永久ではないが、当該自治体の財政運営は、惰性で運営されており、支援がつづくと錯覚し、財政を膨らますが、廃止は財政を直撃する。

夕張市では、炭鉱閉山による、地域施設の維持運営を分担させられたため、

財政負担が増加した。炭鉱会社の所有だった、土地・住宅・病院などを買い取り、市営の住宅・水道・学校・道路など、閉山処理対策に583億円（政府・道補助金398億円）を支出している。そのため市債発行は、332億円に膨らんだ。人口数万の市で、398億円の負担は、早晩、市財政の重荷になり、財政破綻の要因となることは予測された。

　これら産業構造、すなわちエネルギー構造転換にともなう、国家的施策の事後処理を、小規模地方団体が、担うことは無理がある。政府は財政支援措置で、責任を果たしたとするが、結局は地方への責任転換である。

　夕張市の産炭地振興交付金（産炭地域振興臨時措置法にもとづく財政支援措置）は、14年間、年平均2.9億円、合計40.6億円が、交付されたが、平成13年廃止となった。普通交付税での産炭地補正分も、昭和60〜平成18年まで措置され、総額6.5億円になるが、平成18年に廃止となった。

　これら施設は、人口が増加し、産業が回復すれば、管理費が軽減されるが、地域経済・社会の低迷は、単位当りコストが増加し、政府の財政支援措置を、上回る財政負担と化していった。しかも一度膨張した、財政規模の縮小は、至難の業であり、政府国債残高の膨張で、立証ずみである。

　第2に、地方財政制度の「減額措置の影響」である。三位一体改革にもとづく、政府の過疎地・零細市町村に対する、財政支援措置の縮小という、追い打ちが打撃となった。卑近な事例では、地方交付税における「産炭補正」の廃止も加わった。平成13年度炭地域振興臨時交付金は、3億4,691万円、普通交付税（産炭補正）1億1,818億円の合計4億6,509万円あった。

　夕張市の地方交付税は、昭和61年度52億3,602万円であったが、平成3年度には81億716万円となり、以後、減少していくが、それでも平成12年度は68億99万円を確保していた。しかし、以後は急落し、平成17年度には46億4,728万円と、ピーク時の半分となっている。市税収入が10億円前後の夕張市財政にとって、破綻への決定的減少であった。

　このような財政支援額の減少の穴埋めとして、一時借入金は急増していった。平成7年度までは100億円以下であったが、14年度には200億円を突破

し、17年度には292億円に達している。

　夕張市を取り巻く財政環境は、特例措置の期限切れ、補助金廃止・地方交付税削減など、ブドウ糖という栄養剤がなくなると、体力は低下し、財政破綻への抵抗力・免疫力も低下しいった。

　自治体財政は、一般的に破産直前の数年で急速に悪化する。夕張市でも、財政破産への軌道は、これら財政支援措置の廃止で急変し、早期手術が不可避の収支不均衡と化した。しかし、政治的要素から手間取って、モルヒネという、一時借入金で切開施術を、引き伸ばしていたが、癌細胞が全身に、すなわち外郭団体のみでなく、一般会計にも転移してしまった。

　「経済的要因」として、バブル経済の破綻、北海道経済の低迷など、夕張市を取り巻く経済環境の悪化である。第1に、日本経済の低迷である。正確には北海道経済の低迷であり、札幌市への一極集中的構造の進行である。

　人口・経済が、10分の1に縮小することは、財政運営がきわめて難しい。それは人口増加地域では、施策選択の失敗も、分母としての財政規模が、拡大すると、事業赤字の実質的負担が減少するので、大きいなダメージをうけない。しかし、人口・経済縮小傾向にあると、少しの事業赤字も、致命的打撃となる。

　また人件費・管理費も、人口増加団体では、据え置きで十分減量効果が発揮できるが、人口減少団体では、前年度比でかなり、削減しなければ効果はない。夕張市の人口・経済の激減を考えると、財政運営は厳しい対応が求められ、しかも成功の可能性が、きわめて低いという、同情に値する環境にあったといえる。

　第2に、夕張市経済の低迷である。長期低落傾向という、トレンドは変化することはなっかた。農業・観光産業の振興も、夕張市経済を成長軌道乗せることはできなかった。

　経済格差を解消するため、自治体が牽引車となり、地域経済の振興をめざすが、かえって財政力格差を拡大させ、貧困の悪循環に陥るのである。

2　観光開発・粉飾決算が致命傷となる

「経営的要因」としては、第1に、財政運営における、経営姿勢の甘さ、経営倫理の欠如である。夕張市の財政状況は、あとでみるように10年以上も前から、危機的症状にあったが、なんらの対応もなすことなく、政府の財政支援措置に依存していた。

そして資金ぐりがつかなくなると、一時借入金での赤字隠しを導入していった。夕張市の財政破綻を、より悲劇的なものにしたのは、ジャンプ方式という、会計間操作の一時借入金による、財政収支の粉飾である。

自治体として、経営の知恵を働かすに事欠いて、ジャンプ方式を編み出し、延命装置として利用した。もし一時借入金の操作をしていないならば、夕張市財政破綻は、もう10年、早く顕在化していたであろう。以前は20億円程度の借入金が、平成11年度173.8億円、14年度205.7億円、平成17年度292億円と、急激に増大していった。

夕張市は一時借入金方式による、みせかけの赤字縮小という、粉飾決算を講じてまで、再建団体の申請を引き延ばした。要するに虫垂炎の手術を嫌い、腹膜炎を引き起こしたのである。

第2に、地域振興施策の失敗からの、財政赤字増加で、資本装備型による地方債負担増加である。夕張市では「炭鉱から観光へ」の地域政策の転換を図っていたが、多くの都市と同様に、資本装備型の積極型開発は、失敗の憂き目をみた。

観光開発の中核は、歴史遺産として、閉鎖した炭鉱を活用した、テーマパーク「石炭歴史村」であった。歴史村自体の赤字は、45億円程度であるが、関連事業をあわせると、120億円であり、昭和53年に開始されたが、財政規模100億円（53年度当初予算）と比較して、如何に大規模の事業であったかがわかる。

しかも優遇措置のある事業は、自治体サイドとしては、利用しなければ損であるとの認識があり、事業効果・収支を十分に検討することなく、事業を決定する。要するに自治体は地域開発事業で、資金ぐりさえつけば、費用効果を無視して、着工される。

当初は、起債の償還も少なく、収支が悪化することはなく、一時的には成功する。そのため冷静な財政運営の姿勢を失わせ、危険を承知で、拡大路線を走ってしまう。しかも建設費と維持費の関係が、十分に認識されていない。

建設費は交付税・補助金・地方債の対象となるが、維持運営費は、義務的施設の学校・福祉施設は国庫からの措置費があるが、観光・イベント事業などは、措置費がなく、半永久的に建設団体の一般財源負担である。

したがって建設当初は、職員の平均年令も若く、財政負担は少ない。交付税の建設特例債の場合は、10年程度は顕在化しないので、財政診断を狂わす原因となる。すなわち自治体は、政府支援措置のなかに潜む、財政破綻・財源浪費といった、警戒すべき罠に十分に注意しながら、事務事業を運営していかなければならない。

夕張市の財政運営は、産炭企業の施設を、夕張市が引き継いだが、財政支援措置があったので、財政負担要因として急には浮上しなかった。本来、財政支援という栄養剤のある間に体力の強化を図るべきであった。財政支援措置の廃止で、平成13年度以降、急速に財政悪化していった。要するに財政支援という、免疫剤が切ると、体力はすでに衰弱し切って、財政抵抗はなくなっていた。

問題はなぜ財政破綻にいたるまで、夕張市は事前に予防できなかったかである。首長・議会・官僚が、夕張市の財政危機は、漠然とは認識していたが、財政破産を宣言する決断をしなかった。

破産宣告は、なんらかのアクションが必要であったが、外圧が誘発されないように、市行政執行部で、財政状況を粉飾し、危機的症状を密閉していた。しかし、夕張市の破産は、資金ぐりが行き詰まり、自治体としては異例のデフォルトが避けられない事態となり、政府・北海道庁にも、引導を渡され自

壊し、破産宣言となった。

　破産宣告を遅らせたのは、第1に、地方財務システムの欠陥である。フロー会計であり、ストック会計でなく、単年度会計である。また一般会計中心方式で、連結決算方式ではない。ことに外郭団体債務に対する、債務保証・損失補償は、現在の地方財務会計では、把握できないのである。行政当局が、これら財政事実を公表しない限り、市民は蚊帳の外である。

　福岡県赤池町の財政再建団体化も、土地開発公社の累積赤字が、突如噴出し、心臓麻痺で倒れたように、破綻した。フロー・一般会計ベースの財務管理では、今日の自治体財政の破綻は阻止できない。

　第2に、資金収支不足が、確実との状況になって、夕張市は資金ショートを起こし、自壊の運命に見舞われたはずであった。しかし、いわゆるジャンプ方式という、会計間の一時借入金方式で、資金を確保して、給与・金利を支払っていた。

　金融機関が、財産寸前の地方団体に、資金を注入し、なんら損失が発生しないというシステムで、夕張市が延命したことは、外部統制として、もっとも有力な手段が、欠落していたことになる。要するに地方財政は、政府支配のもとでの、護送船団方式で運営されてきたが、今日となっては、むしろ自治体デフォルトを、ためらうべきではない。

　第3に、議会はともかくとして、北海道庁・総務省はどうであったか。北海道庁・総務省が、正式に動きだすのは、平成18年、空知地方の旧産炭地5市1町の無許可債（空知産炭地域総合発展基金・71億円融資）が、発覚してからである[1]。

　平成19年3月の夕張市財政再建団体指定の1年前である。これでは瀕死の重体で、救急車で病院に搬送され、手術をしても手遅れに等しい。要するに北海道庁・総務省も、監督責任を、怠っていたといえる。あとでみるように夕張市は、10年前の時点で、財政状況は回復の見込みがないほど、重症であったが、政府・北海道庁は、積極的に夕張市の財政運営に介入することも、警告を発することもなかった。

上級官庁が、個別地方団体の財政運営まで、責任がないといえば、それまでだが、一般的にではどうして地方債許可・補助金認証・交付税額決定という、財政権限を行使して、天下り人事までして、指導・監督しているのかである。夕張市は財政診断指標で見るかぎり、全国最悪の状況であり、あたかもロープウエイが墜落すると、わかっていながら、傍観していることは、地方自治法違反ではないか。
　地方自治法第245条は、自治体財政運営について、技術的助言・勧告、総合的監査・資料提供を規定し、第246条は財務監査、第246条の2は、不当財務処理について、適正な事務処理の確保措置を定めている。
　夕張市の財政処理は、財政力からみて無理な民間施設の買収などを実施しており、違法ではないが、不当な処理に該当する。少なくとも一時借入金による、破産回避処理は、実質的には違法であり、早期、介入が必要であった。
　政府にとって、個別許認可は、権力欲を充足させ、支配システムの補強に役立つが、当該自治体の財政再建には、なんらの利権が付随していないからと邪推したくなる。
　中央政府の本来の任務は、間接的支配、すなわち法制・システム・政策による、非権力的指導である。しかし、政府は、個別自治体への財政介入と、誹られても、システムの改革、政策的指導、個別行為の指摘は、なんら地方自治に抵触することはない。平成10年前後に、夕張市へ強制的に財務調査にはいり、財政赤字実態の公表は、地方自治法に定められている、中央政府の権限の適正な行為である。
　総務省は、自からの行政能力を、地方債許可とか交付税操作といった、中央統制に消耗し、自治体財政運営の適正化には、あまり自己へのメリットがないとして、無関心で放置していた。ここにも空白の10年の要素あった。
　また政府が、外郭団体の粉飾決算を阻止する、地方財務会計の改正措置を、採らなかったのは事実である。平成19年になって、巨額の外郭団体等の損失を前にして、政府はやっと第三セクターへの自治体の損失補償をみとめない方針を、自治体に通告している(2)。またもし財政健全化法を、早期に設定し

ておれば、夕張市も少なくとも数年は、財政再建計画の策定をはやくしたであろう。

　もっとも自治体財政の破産予知は、きわめて困難であるが、見方をかえれば、きわめて簡単で、個別財政診断指標で、イエローカードを出すことはできる。しかし、財政破産予知を狂わし、告知を阻む、さまざまの要素がある。

　第1に、外郭団体の債務保証・損失補償などは、財政運営が順調にいっている、団体創設当初は、だれもが関心を払わないのである。

　外郭団体事業は、一般論では、一般会計では出資金しか審議されない。たとえば1億円の出資金で設立し、金融機関から100億円の融資をうけて、事業費を調達することができる。さらに事業経営は、原則として議会の関与しない、外郭団体で処理される。

　第2に、地方財政には、無数の政府優遇措置が、組み込まれている。このような優遇措置は、本来はないものとして、間引いて計算しなければならない。しかし、実際の地方財政統計では、臨時的収入が、経常的収入と区別されることなく処理され、財政状況が実質的には粉飾されている。

　第3に、一般会計と公営企業・外郭団体などの繰出金・繰入金、さらには出資金・貸付金などへの関心は薄い。建設費が捻出されれば、多くの場合は建設されてしまう。

　夕張市の観光・リゾート施策における、施設建設も維持運営が、経営的に安定した収益をもたらす可能性を検討し、毎年、繰出金・繰入金などの財政支援措置を、綿密に精査すべきであった。

3　産炭地財政指標から破産兆候を摘出する

　このように自治体財政運営は、公営企業・外郭団体があり、会計間処理が込み入っており、財政破産予知は、困難であるかの感があるが、純粋の財政診断指標を分析すれは、予知は察知できる。そのため夕張市財政診断を平成11年度市町村決算統計で分析したが、夕張市の財政破綻は歴然としている。

当該地方団体の財政診断指標のみは、説得性がないが、類似団体・近隣団体との比較でみれば、当該団体の病状が、尋常でないことが診断できる。ただ『平成11年度市町村別状況調』でも、夕張市の類似団体の比較は、人口規模が1.5万人と小さく、財政力指数も0.2前後と、市財政としては異例である。

　結局、財政悪化に喘ぐ、空知地域の産炭地5市を類似団体で比較することにし、随時、北海道の市と人口規模が異なっても比較し、夕張市が極度に悪いことを、分析することにした。

　第1に、財政規模である。夕張市人口は1万5,538人（平成12年12月31日現在）であるが、平成7年の国勢調査では1万7,116人で、9.2％の減少である。北海道内の34市の平均は1.5％減少である。なお18年3月人口は1万3,268人とさらに減少し、財政破産後も人口流失がつづき、1万人を切る恐れすらある。

　しかし、平成11年度では産炭地5市の比較では、夕張市の標準財政規模は、68億8,324万円であり、赤平市の56億786万円、三笠市59億6,429万円と比較しても大きい。産炭支援などで、特別需要が算入され、人口対比では大規模化していった。

　しかも実際の財政規模（表2参照）は、平成11年度歳出で、夕張市240億6,972万円、赤平市134億1,263万円、三笠市146億152万円と、夕張市は80

表2　産炭地5市財政状況（平成11年度）　　　　（単位 千円 人 %）

区分	現在人口 12.31 人	増減率（7年対比）%	面積 hm²	標準財政規模 百万円	歳出総額 百万人	歳入総額 百万円	職員数（一般会計）人
夕張市	15,538	18.4	763.36	6,883	24,069	24,069	329(325)
芦別市	21,443	8.6	865.07	8,091	16,475	16,476	350(346)
赤平市	16,233	10.6	129.88	5,808	13,412	13,413	311(302)
三笠市	13,980	11.3	302.64	5,964	14,602	14,602	228(225)
歌志内市	6,178	17.1	55.99	2,994	7,640	7,640	190(184)

資料　『市町村別決算状況調査』（平成11年度）

億円前後、50％以上も大きい。

　なお人口1.5万人の市は、例外的で類似団体比較は、困難であるが、財政規模241億円は、北海道恵庭市（人口6万4,873人）249億円、登別市241億円（人口5万5,503人）で、夕張市の財政規模は、人口比では3倍以上の膨張である。

　第2に、財政診断指標（表3参照）をみると、実質収支比率は、夕張市0.0％で、他の4市との比較で悪い状況にある。北海道内全34市平均は1.8％である。人口規模で最小の歌志内市、国勢調査対比人口減17.1％であるが、実質的収支比率は2.9％である。

　経常収支比率は、夕張市109.4％と、きわめて悪く、北海道全市平均78.7％である。100％をこえているのは、夕張市と赤平市のみである。経常収支100％は、財政破産の危険水域に、入っていることを示している。

　第3に、人件費比率は、北海道全市平均32.8％で、夕張市は49.2％で特に悪く、給与支払団体と誹らても、弁明ができない。夕張市は経常収支のうち、人件費・公債費で77.6％を占めており、実際のサービス行政費は、きわめて少ないことになる。

表3　産炭地5市財政指標状況（平成11年度）　　　（単位%）

区　分	実質収支比率	公債費負担比率	公債費比率	起債制限比率	財政力指数	経常収支比率	内人件費比率	内公債費比率
夕張市	0.0	19.1	21.2	22.8	0.18	109.4	49.2	28.4
芦別市	3.2	20.4	15.4	14.0	0.22	87.1	33.4	20.0
赤平市	1.4	16.3	14.2	11.0	0.20	102.4	38.7	20.1
三笠市	0.4	25.7	24.6	19.6	0.17	98.9	30.0	30.2
歌志内市	2.9	17.2	16.4	12.4	0.10	97.9	40.7	25.1
平均	1.8	18.1	17.8	13.3	0.42	87.7	32.8	20.7

資料　『市町村別決算状況調査』（平成11年度）

第4に、公債負担比率は、夕張市19.1％、三笠市25.7％で、夕張市が最悪の数値ではない。北海道全市平均18.1％でも、夕張市が特に悪い指標とはいえない。網走も24.1％で、北海道全体が、危険水域の数値である。
　東北では、青森県全市平均15.8％、岩手県16.9％、秋田県15.5％、山形県16.8％、福島県15.1％である。ただ夕張市の債務は、外郭団体債務が大きく、実質的債務負担比率は、最悪の数値であろう。
　起債制限比率は、夕張市22.8％で、北海道全市平均13.3％である。夕張市のつぎが三笠市で、夕張市の指標は突出して悪い。三笠市・赤平市は産炭市であるが、同じ産炭市である、芦別市、歌志内市などは、必ずしも財政指標は悪くない。起債制限比率は、元利償還能力がないのに、地方債を発行している指標といえ、将来の財政圧迫要素である。
　公債費は北海道全市平均20.7％で、夕張市28.4％、三笠市30.2％、最悪ではないが、夕張市は類似団体比較でも数値は悪い。
　公債残高をみると、夕張市の地方債残高は、昭和58年に107億円と100億円をこえ、当時に財政規模を上回っている。一般的に財政規模をこえる地方債残高は、財政運営の危険信号であり、当該事業の収益性に関係なく問題である。たとえば海面埋立事業のように、将来、用地売却で事業収益が見込めるとしても、100％の確実性はない。
　夕張市の地方債残高は、平成元年には218.6億円となり、4年度219.6億円とピークに達する。平成9年度には、起債制限比率が24.9％となる。この時点で、夕張市は、財政再建団体を申請すべきであった。それは大規模団体などは経済力があり、同じ起債制限比率でも、実質的な財政赤字症状は、違うということである。
　平成11年度で夕張市の市債残高は151.7億円と低下しているが、それでも名寄市178.0億円（人口2万7,399人）、伊達市172.7億円（3万5,434人）と同じであり、人口比では2倍以上の残高である。
　糖尿病の血糖値でいうならば、起債制限比率20％をこえても、大規模団体では200ですむが、小規模団体では300と診断すべきである。体力のない財

政と抵抗力のある財政を、同じ目線でみるのは、財政診断指標の数値判断としては、必ずしも正しくはない。

なお第三セクターへの財政支援は、一般会計の財政診断指標では判明しないが、個別の支出費目として、出資金・貸付金・補助金・業務委託などから、推測は可能である。

夕張市の平成17年度決算ベースの債務は、市本体の債務が564.1億円、債務保証・損失補償によって市負担となる、地方公社・第三セクターの債務68.3億円の合計632.4億円で、同市の標準財政規模の約14倍である。このことは市税・交付税収入の全額を充当しても、14年間かかり、財政支出を半分にしても28年間かかる勘定になるのである。

このような膨大な債務の元利償還金は、単純計算でも、金利15億円、元金40億円（期間15年）の合計55億円となり、市税・交付税の合計にほぼ匹敵する。この元利償還を一時借入金で操作して、財政指標として表面化しないようにした。いわゆる「不適切な財務処理」がなされた。

しかも平成17年度決算ベースで、一時借入金は279.9億円という、破天荒な数値となった。もはや一時借入金という、臨時的措置でなく、脱法的措置

表4　産炭地5市収入指標状況（平成11年度）　　（単位 百万円）

区分	地方税	地方交付税	内訳 普通交付税	内訳 特別交付税	国庫支出金総額	（産炭地交付金）	地方債	その他収入
夕張市	1,145	6,988	5,428	1,560	3,482	(367)	4.061	8,393
芦別市	1,555	7,043	6,113	930	2,533	(131)	2,213	3,132
赤平市	1,116	5,552	4,452	1,100	2,545	(263)	1,823	2,377
三笠市	1,039	5,977	4,744	1,233	1,738	(69)	1,628	4,220
歌志内市	394	3,285	2,593	692	929	(82)	567	2,465

資料　『市町村別決算状況調査』（平成11年度）

であり、標準財政規模44億円の6.36倍である。

歳入費目（表4参照）をみると、第1に、地方税は、夕張市11億4,453万円であり、他の4市も、財政規模に見合った税収である。市税収入比率は、4.76％であり、景気変動が発生しても、大きな影響はない。

しかし、交付税・交付金など、政府の財政支援措置が変動すると、たちまち財政危機に陥る構造である。もともと夕張市の財政力指数（平成11年度）は0.18しかなく、北海道市平均の0.42より、格段に低い数値である。北海道町村平均財政力0.20より低い。

第2に、地方交付税は、夕張市69億8,816万円で、他の産炭4市も、比率的にみて多額の交付税収入比率である。比率は夕張市29.03％、芦別市42.74％、赤平市41.39％、三笠市40.93％、歌志内市43.00％で、各市とも40％台前半である。夕張市の交付税収入比率が低いのは、諸収入・地方債などが大きいからで、交付税収入額は少なくない。

第3に、国庫支出金の比率は、夕張市14.47％、他の産炭4市も、比率的にみて多額の補助金収入比率である。芦別市15.37％、赤平市18.97％、三笠市11.90％、歌志内市12.16％で、各市とも10％台前半で、夕張市が特に国庫支出金で優遇されていることはない。なお産炭地振興臨時交付金は、夕張市は3.67億円と、他の4市より収入額は大きい。

第4に、地方債収入は、夕張市40億6,128万円で、他の4市より、収入額・比率において、高い水準である。夕張市の地方債比率16.87％、芦別市13.43％、赤平市13.59％、三笠市11.15％、歌志内市7.42％で、各市とも夕張市より低いが、数値は大きな差はない。

地方税比率でみると、夕張市3.55倍、芦別市1.42倍、赤平市1.63倍、三笠市1.57倍、歌志内市1.44倍で、各市とも1～2倍の範囲内にあるが、夕張市のみ3.55倍と3倍以上の倍率となっているが、財政力を無視した、起債主義を展開していたことになる。

平成11年度の歳出項目（表5参照）をみると、第1に、夕張市の人件費は、芦別市より大きい。人口は芦別市は夕張市の1.38倍であり、人件費は夕張市

表5　産炭地5市歳出指標状況（平成11年度）　（単位 百万円 人）

区分	人件費	普通建設費	地方債償還金	貸付金	地方債現在高	積立金	債務負担行為	公営企業等繰出金
夕張市	3,676	3,388	5,232	3,500	15,167	899	3,944	1.575
芦別市	3,011	3,498	3,062	298	15,653	2,089	5,540	1,583
赤平市	2,757	3,340	1,533	313	13,344	1,000	1,321	1,671
三笠市	2,193	1,831	3,377	1,028	15,998	781	223	1,566
歌志内市	1,653	1,212	1,045	131	10,061	1,227	167	901

資料　『市町村別決算状況調査』（平成11年度）

の81.91%であるので、実質的59.36%になり、夕張市の人件費は4割程度高い水準である。

　職員数は、全体でも一般会計でも、人数で大きな差はないが、夕張市329人、芦別市350人、三笠市228人、赤平市311人、歌志内市190人で、夕張市は芦別市などに比較して、人口比で多い。

　なお人件費36.8億円という金額は、留萌市35.3億円（人口2万8,664人）、美唄市37.9億円（人口3万1,148人）、名寄市35.1億円（2万7,399人）、伊達市36.2億円（3万5,434人）、石狩市37.8億円（人口5万5,103人）で、夕張市は人口比で2倍以上の支出となっている。

　人件費総額で、単純に1人当りをみると、夕張市1,117万円、芦別市860万円、赤平市886万円、三笠市961万円、歌志内市870万円で、夕張市のみが、1,100万円台である。

　夕張市の職員平均年齢が、高いためであるといえるが、退職金は夕張市5億3,025万円、芦別市2億3,399万円、赤平市2億1,727万円、三笠市2億7,181万円、歌志内市1億5,129万円であり、夕張市の退職金額は大きい。退職者数で、退職金は大きく変動するが、1人当り人件費からも、職員年齢水準は高く、将来の退職金負担が、今後、10～15年間は、きわめて重いことが推

33

測できるのである。

　第2に、普通建設事業は、各市でほぼ同じ水準であるが、地方債償還金は、夕張市が2～3倍程度と大きいが、地方債現在高は、同水準である。償還期限の短い市債が多いためか、償還年次が到来した既発債が集中した、単年度の現象かは明確でない。

　財政力指数の低い、夕張市が33.9億円もの普通建設事業を実施しているが、北海道では伊達市38.7億円（人口3万5,434人）、根室市35.9億円（3万3,686人）で、人口比で2倍以上の投資である。

　第3に、積立金は　夕張市は少なくなく、芦別市は21億円、夕張市9億円とずいぶんと大きな差額が発生している。債務負担行為は、芦別市が夕張市の1.40倍と大きい。

　貸付金は、夕張市が35億円と圧倒的に大きく、赤平市などは、10分の1の3億円に過ぎない。夕張市が外郭団体への資金援助のため、貸付金の膨張をきたしていたのである。公営企業の繰出金は、ほぼ横並びである。

　夕張市の貸付金35億円は、函館市99億円（人口28万7,843人）の3分の1であり、室蘭市（人口10万4,558人）17億円の2倍であり、貸付金が多い、滝川市（4万7,395人）41億円でも人口比では、夕張市が多い。少ない市では、紋別市（人口2万8,074人）1.9億円、富良野市（5万5,503人）2.1億円、北広島市（5万7,364人）1.0億円である。

　夕張市財政は平成11年度で、人件費・貸付金・地方債収入などの費目指標、経常収支比率、人件費などの分析指標などをみて、悪性の癌におかされていると診断される状況にあった。

4　苛酷な財政再建計画をどう評価するか

　夕張市は、平成19年1月26日、「夕張市財政再建計画素案」（表6参照）を発表し、解消すべき赤字約360億円を、再建期間18年で解消する計画である。再建計画の特徴としては、つぎのような点があげられる。

表6　夕張市財政再建年次計画（案）　　　　（単位 百万円）

区　分	平成18	平成21	平成24	平成27	平成30	平成33	平成36
市　税	943	1,111	1,042	1,208	1,127	1,065	1,000
地方交付税	4,240	4,370	3,989	3,607	3,225	2,977	2,709
国・道支出金	1,114	1,325	895	853	821	821	821
その他収入	16,792	2,596	1,691	1,409	1,159	1,149	1,143
歳入合計	23,089	9,402	7,617	7,077	6,332	6,012	5,673
人件費	4,417	940	624	616	636	694	590
維持補修費	505	359	335	302	271	213	158
公債費	3,705	1,676	1,515	1,228	1,052	776	328
その他支出	48,218	5,462	4,057	3,582	1,999	1,368	964
歳出合計	56,845	8,437	6,531	5,728	3,958	3,051	2,040
歳入歳出差引	△33,756	965	1,086	1,349	2,374	2,961	3,633
累積赤字額	△35,299	△31,456	△28,004	△24,202	△18,579	△9,999	511

資料　夕張市「財政再建計画素案」(平成19年1月26日)

　第1に、再建計画は、平成18年度歳出568.5億円を、19年度には68.3億円と、12％に圧縮している。赤字額が360億円は、財政規模約100億円として、3倍であり、一般の赤字再建団体より、財政赤字額は大きい。年間1割を節減しても、36年間である。年間2割以上の削減であり、これまでの赤字再建団体より2倍は苦しい。歳出は10年で2分の1、20年で4分の1の削減である。

　第2に、赤字再建団体は、一般的に非都市圏の市町村であり、小規模団体が多い。したがって一般的に財政力、すなわち担税力は弱いので、再建施策としては、歳出削減とならざるを得ない。ことに国庫補助金・地方交付税が、全国的に削減傾向にあり、歳入増加が期待できない。

　第3に、削減費目は、人件費となる。それは歳出費目をみても、公債費は

35

既発債の元利償還が、大半であり、削減の余地がない。また施設の維持管理費なども、節減余地があっても、金額的にはさしたる、金額にはならない。さらに公共投資は、再建計画の時点では、多くの場合、削減済みであり、将来、当然に抑制されるが、抑制効果は大きくない。

結果として金額的に大きく、計画時点までに削減のメスが入られていない、人件費となる。もちろん行政サービスとしての、福祉関係費の削減の期待されるが、削減の市民転嫁であり、また高齢者医療費にみられるように、経費膨張の傾向も強く、削減額と増加額が相殺され、トータルとしての福祉費は、減少額は小さいといえる。

第4に、注目されるのは、北海道庁が360億円（赤字相当分）の貸付金（金利0.5％）を注入したことで、市場金利3.5％とすると、年間約9億円補助となる。このような北海道庁の支援は、厳しい再建計画に対する、世論の反発をうけて、北海道庁が、「夕張市の財政再建と地域活性化に向けた道としての支援策」（平成1月26日）と実施することなった[3]。

ここで問題となるのは、民間金融機関が、財政破綻寸前の夕張市に、しかも巨額の一時借入金を融資していることで、標準財政規模の数倍の借入金は、だれがみても脱法的融資であり、実質的には違法といえ、貸し手責任を問われる行為である。

第5に、金額的には、平成18年度その他歳出480億円が、19年度35億円と10分の1以下となり、削減額445億円で、貸付金・積立金・繰出金などを削減し、財政的にスリム化し、外郭団体関係も処分したからである。

それ以外は、公債費・人件費といった、実質的支出額の削減であり、平成18〜19年度で、人件費26.8億円、公債費7.99億円で、その他支出が中心である。

このような夕張市の財政状況・運営をみて、平成11年度で、あきらに財政破綻をきたしているが、どうして内部・外部統制が機能しなかったのか、不思議である。

第1に、政府・道府県が、個々の地方団体の財政運営に、くちばしをいれ

ることは、地方自治侵害との非難をあびる。しかし、伝統的に財源・許認可をテコに、道府県のみでなく、市町村にまで、幹部職員を送りこみ、完璧な監督・支配体勢を浸透させている。

かって人件費については、ラスパイレス指標で、全国的基準を制定して、特別交付税削減という、制裁措置をもって、高賃金の自治体給与を遠隔操作していき、今日では確固たる基準として定着している。

このような事例からみて、政府が個別自治体の財政運営に、関与することを、ためらう理由はない。政府・都道府県は、権力的介入でなく、財政診断指標にもとづく、調査の公表など、非権力的指導システムの形成が遅れている。市民統制ができない、専門的事実の分析による、指導は当然の措置である。

第2に、夕張市議会である。なんらの監視・統制機能を発揮しなかった。むしろ財政破産の元凶でもあった。首長は議会の同意を、積極投資の免罪符としてきたからである。

第3に、夕張市内部の幹部職員は、財政悪化に自分達の給与支払いの危険すら、膚で感じていたはずであるが、何らの反乱も起こさなかった。

幹部職員は、給与削減と退職金大幅カットが、伝えられると、それが実施される前に、駆け込み退職者が激増し、幹部職員のほとんどが、瀕死の夕張市を見捨てて、退職していったのは、絶望させられた。

個人的には同情すべき理由があったが、職員の地方自治のプライドとか、公務員倫理が、実際は個人的実利の前には非力であった。また全国自治労なども、募金を全国的に展開し、乱脈経営の非難のもとに、苛酷な人件費削減で再建をすすめる、政府方針に反対し、政府施策こそ原因であるとの、世論の喚起すべきであった。

いずれにせよ空白の10年が、無為に過ぎており、その間に財政状況は、さらに悪化した。平成11年度の財政指標をみれば、夕張市財政は実質的には破綻していたのである。

(1) 産炭基金からの融資は、法的手続にそった、長期借入金であり、「ヤミ起債」で

はないとの反論がある。平岡和久等『夕張破綻と再生』（以下、平岡・前掲書）82〜87頁参照。

(2) 　平成19年3月末の自治体の第三セクターの借金を肩代わりする、金融機関との損失補償契約残高は516法人、2兆764億円である。総務省の調査では自治体が財政支援する6,524法人のうち、赤字は217法人と全体の3分の1を占め、債務超過法人は375法人である。2,947法人が総額3,268億円の補助金を自治体からうけ、貸付金は634法人の2兆5,558億円である。朝日新聞平成19年12月28日。

(3) 　利子補給以外に職員の派遣、医療確保（3,603.2万円）、バス路線確保（322.6万円）、道路除雪（2,000万円）、雇用対策（165.8万円）、地域政策推進事業（733.4万円）などである。なお夕張市再建計画など資料は、橋本行史『自治体はたん「夕張ショック」の本質』76〜118頁参照。

第2章　篠山市財政危機と合併特例債の功罪

I 合併特例債活用の後遺症

1 町村合併のメリット・デメリットを分析する

　兵庫県篠山市は、平成合併の典型的財政危機事例と、みなされている。それは篠山市が、平成合併の最初の大合併であり、旧郡単位の対等合併という、模範的合併であったからである。また合併特例債をフルに活用した、施設整備型合併で、しかも財政危機に見舞われ、政府の強引な市町村合併施策の失敗例とされたからである。

　篠山市の誕生は、地域にとって戦後、合併運動が幾度も失敗しており、悲願の合併であった。平成11年、旧多紀郡の4町（篠山・西紀・丹南・今田町）が、合併して成立した。合併を可能にしたのは、篠山市としては、それなりに合併効果を期待していた。

　第1に、合併によって昭和31年施行の新市町村建設促進法にもとづく、合併優遇措置の適用が予定されたが、平成11年の「市町村の合併の特例に関する法律」（合併特例法）の改正で、合併に対する優遇措置が遡及適用された。合併後懸案の施設整備は、合併特例措置（交付税算入70%）、関連補助も導入して、一気に遂行された[1]。

　合併特例は、まさに禁断の木の実である。合併特例の財政支援措置は、一般的に5万人合併の試算で、特例債事業費180億円、地域資金基金造成18億円、合併臨時費5億円程度（全額交付税算入）がなされる。しかし、合併特例債事業は、短期に多くの施設整備をこなすので、合併後の自治体は、財政規模が必然的に膨張する。

　第2に、合併による行政効率化、行財政基盤の強化などのメリットであっ

表7　篠山市合併後の主な建設事業（基金含む）

清掃センター建設事業（平成11～14）	76億円
広域道路ネットワーク整備事業（平成11～）	20億円
篠山中学校移転改築事業（平成14～15）	40億円
中央図書館建設事業（平成12～14）	19億円
県水導入事業（平成12～18）	40億円
※全体事業の3分の1、残余は補助と水道事業借入金	
チルドレンズミュージアム整備事業（平成11～13）	18億円
西紀運動公園整備事業（平成12～15）（過疎債利用）	15億円
市民センター建設事業（平成12～14）	25億円
こんだ薬師温泉関連整備事業（平成13～15）	15億円
地域振興基金積立（平成11～13）	20億円
西部給食センター建設事業（平成17～18）	8億円
斎場・火葬場建設事業（平成11～13）	20億円
合　　　計	316億円

た。一般的に合併で職員数、議員数の削減が可能となり、人件費の節減が期待できる。また各施設の統廃合で、管理運営費のコスト・ダウンを図ることができ、財政強化・改善が予測された。

　さらに広域行政の進展である。町村合併によって、従来、組合処理方式の広域事業が、単独自治体の事業となり、効率的一体的運営が可能となる。ことに郡単位合併の篠山市の場合、広域行政のメリットが確実視された。

　第3に、地域社会の発展への可能性である。福知山線の複線化にともなう、阪神都市圏との連結で、都市化の進展が期待された。すぐ先の三田市は、この10年ほど全国一の人口増加を記録し、人口3万人が、11.4万人に激増している。

　旧多紀郡の4町が、合併し市になれば、篠山の知名度は全国的であり、三田市なみの成長が期待された。地域が発展すれば、篠山市の財政力も強化され、合併特例債の償還は、交付税措置もあり、それほど困難でないと予測され

た。

　さまざまの合併メリットが、期待されたが、篠山市誕生への直接的インセンティブは、明らかに合併特例施設整備であった。合併後、特例債事業もふくめて、施設整備事業（表7参照）は、合計約300億円が投入された。標準財政規模の3倍、市税収入の6倍で、うち特例債事業は185億円程度である。

　旧多紀郡関係町村では、昭和43年し尿処理、47年ごみ処理、53年消防、平成元年農業共済などを処理してきた。これら広域行政処理施設も、合併を見込んで、施設建設・改良がなされた。

　斎場は平成14年に約20億円、清掃センター約76億円、水道事業拡充事業約200億円、そのた給食センター、篠山口駅前周辺整備事業も施行された。これら広域行政の統合・単一化によって、管理体制が整備され、効率的運営効果が期待できるが、当面は施設整備費の負担があり、財政収支としてはマイナスとなる。

2　合併効果で特例債元利償還ができるか

　合併後、施設整備が遂行されるにつれて、篠山市をめぐる、経済社会循環の変化は、巨額合併特例債の元利償還に、暗雲が立ちこめていった。
　第1に、篠山市への人口・企業進出などで、地域経済力の実質的な拡大があれば、財政力向上が期待できるが、人口はむしろ減少気味である。バブル経済がはじけて、企業進出・観光客増加の期待も、凋んでいった。
　第2に、合併によって財政力が、向上するとはいえない。財政力のある中核都市への合併で、交付税算定が有利になるケースがあるが、制度的に町が市になっても、交付税・補助金などは同じで、地方税も強化されない。合併前後で財政規模の膨張がみられ、財政規模が1.68倍、公債発行額1.65倍、人件費も15.8％の増加をみたが、交付税は1.15倍である[2]。
　第3に、合併成功のための、合併特例債の施設整備費の負担が膨張するが、危機感は特例債元利償還の交付税措置で、どうしても希薄になる。さらに合

併にともなう、特有の財政膨張・悪化の要素が加わった⁽³⁾。合併のため施設整備が求められ、しかも合併後、人件費抑制も実施できなかった。

　ただ一般的に批判されている、篠山市の合併事業負担約300億円は、合併特例債事業約85億円（交付税算入70%）、一般補助事業約115億円（交付税算入平均60%）と推計すると、合併事業負担は、交付税補填で実際は、100億円程度圧縮され、合併の財政圧迫は、むしろ一般行政費200億円の膨張の要素が大きい。

　第4に、合併による行財政節減効果は、一般的に建設費を除外した、行政費の1～3割前後であるが、施設整備のよって、維持運営費が増加しており、人件費以外は実質的には、あまり期待できない⁽⁴⁾。

　篠山市の行政経費節減効果は、平成19年度財政規模（一般会計・特別会計・企業会計の合計）の380億円の10%とすると、38億円の節減効果がみこまれる。しかし、公営事業会計の国保・老人保健・下水道事業などは、合併されても、節減効果は期待できないので、一般会計ベースでは200億円の10%で、約20億円の効果が見込まれる。

　ただ合併節減効果は、10年後であり、しかも合併で発生した贅肉を削ぎ落として、はじめて生み出される。この努力的な節減効果と怠慢な歳出増加の落差が、財政危機の真の原因である。減量化に踏み切れなかったのは、合併特例債の交付税算入があり、見かけの財政指標は、当初はそれほど類似団体比較で、悪いとはいえなかったからである。

　要するに合併は、一時的に財政膨張をきたす。したがって合併直後に財政健全化計画を策定し、特例債事業の縮小か、人件費・サービス費の削減かを、選択すべきであった。しかし、恐らく特例債事業の廃止・縮小は、合併の経由からして困難であり、行政コスト、ことに人件費の削減という、選択肢しか残されていない。

　もしこの時点で、現在の篠山市「市民再生会議」が、断行しよとしている、人件費削減年間約10億円を実施していれば、10年間で100億円であり、10年後の合併効果は、年20億円が予想され、特例事業負担の100億円、やがて

解消されることになる。

　実際、今日の篠山市の財政危機を、もたらしたのは、無為に過ごした、合併後の10年の後遺症であり、合併特例建設事業の負担財政負担ではない。もし篠山市が、必然的に発生する行政費膨脹を真剣に検討していれば、合併後、このような財政運営危機は、回避できたであろう(5)。

(1)　合併特例措置は、まず合併施設整備事業で、事業費95%は、起債ができ、そのうち70%は、地方交付税措置として、後年度で交付税措置が、なされる仕組みある。要するに100億円の施設整備を、たった5億円の市税で建設でき、あとは地方債で財源を調達でき、しかも95億円の地方債の70%、66.5億円は、交付税で財源補塡をしてくれる。結果として市税負担は33.5億円、3分の2補助である。もっとも農業振興・地域整備などの事業は、一般的に補助・交付税措置で2分の1、地方債充当率も、3分の2のケースが、ほとんどである。したがって合併特例債の効果は、実質的には、それほど大きくはないが、地方債許可によって、事業資金調達の魅力が大きい。

(2)　合併前後の財政状況は、平成10年度、旧4町の財政規模266.11億円（篠山113.08億円、丹南83.98億円、西紀39.65億円、今田町29.40億円）が、合併後の平成11年度は447.52億円と1.68倍に膨張している。合併前の平成8年交付税73.78億円（篠山28.54億円、丹南19.47億円、西紀14.50億円、今田町11.27億円）が、合併後の平成11年度は84.57億円と落ち込みはない。合併特例期間中は旧町単位の交付税算定がなされるからである。ただ、公債収入は、合併前16.85億円（篠山4.84億円、丹南10.62億円、西紀0.32億円、今田町1.07億円）が、合併後の平成11年度は27.81億円と、2倍近く増加し、12年度には68.99億円と4.09倍に激増している。人件費も平成8年度45.05億円（篠山21.74億円、丹南12.10億円、西紀5.54億円、今田町5.67億円）が、11年度52.17億円と15.8%増加している。

(3)　この点について、1つに、「甘い将来見通し」（井川博「平成の大合併と自治体財政」『地域政策』平成19年・新年号、16頁）である。「合併に対する住民の支持を得るなどの理由から『ばら色の将来ビジョン』を描く可能性は否定できない」（同前16頁）といわれている。篠山市の状況は、合併直後の財政指標をみても、類似団体比較では、あきらかに財政収支は悪い状況にあったが、交付税特例収入などの期待して、効果的な行財政改革を策定し、実施しなかった。結果として公共投

資と地方債のみが、増加していった。2つに、「合併関係市町村間の調整の問題」（同前16頁）である。市町村の利害を調整するには、財政規模を拡大する方式での調整が採用されることになる。吸収合併のように、中心自治体が大きければ、合併町村の財政膨張措置も、大きな負担にはならないが、篠山市では、篠山町5で、その他の町が３．１．１であり、篠山町の財政膨張の吸収力はあまり大きくはない。3つに、「市町村合併に対する優遇措置への安易な期待が楽観的な財政計画の策定に結びつく」（同前16頁）のである。合併後、施設整備の起債分は10年間で、交付税に算入されるので、見かけの財政収支は順調に推移する。4つに、「合併を前にした『駆け込み投資』の問題」（同前16頁）のであ.「篠山市の場合、200億円前後であった旧4町の財政規模が合併直前の1998年には266億円に拡大している」（同前16頁）のである。5つに、「2003年度以前に合併した市町村が、合併協議会を設置し、合併協定を調印した2003年以前において、現在のように厳しい自治体歳出の削減、交付税総額の圧縮の動きがみられなかったことも、楽観的な財政計画を策定した原因の1つになっている」（同前16頁）のである。

(4) 市町村合併の効果について、多くの試算があるが、市町村合併に関する研究会『市町村合併による効果』（平成18年5月）では、平成11年4月から平成18年3月までに合併した557市町村を対象とした調査では、合併直後は一時的に経費が増加するが、合併10年後では、財政規模20.3兆円で、経常経費で約1兆円（うち人件費　約5、400億円、職員数12.7万人）の減少、投資的経費で0.8兆円の合計1.8兆円の効果が算出され、財政規模の8.9%である。井川・前掲論文参照。

さらに詳しい分析をしているのが、吉村弘『最適都市規模と市町村合併』（平成11年、東京経済新報社）である。全国広域市町村が合併したとして、現存の同規模の標準数値と比較して、歳入・歳出がどうなるかを分析したものである。第1に、最適規模は人口20〜30万人である。しかし、町村合併のケースは、20万人以下であり、合併によって行財政費の平均コストは低下が見込まれる。なお都市人口の最適規模を20〜30万人都市としたのは、1人当りの行政コストが低下し、最低限度になるからと、係数整理されている。しかし、この点については、人口が数10万人以上となると、府県・都市の間で、事務事業の移管がすすむ。制度には政令指定都市、中核都市などであり、事務事業内容が変化しており、1人当りコストが増加して当然である。

第2に、広域市町村合併の人件費削減効果（平成6年度）で14.2%と推計している。町村では人口1,000人当りの職員数は、3,000人未満25.59人、5,000人未満17.73人、1万人未満12.63人、2万人未満10.06人、4万人未満8.24人、5万人未満8.46人、5万人以上8.84%となる。この推計　からは、1万人の町村が5町村合

併すれば、12.63×50=631.5人が、8.46×50=423人で、208.5人減、33％の人件費節減となる。

　第3に、広域市町村合併で、基準財政需要額（平成6年度）で19.8％節減、基準財政収入額は13.9％増収、財政力指数0.234ポイント上昇と推計されている。地方圏では2万人未満の市では、1人当り行政費は67.6万円であるが、5万人未満では37.7万円と、2万人都市との比較で45％の節減となる。7.5万人未満で34.8万円となり、2万人都市との比較で50％の節減となる。しかし、これらの合併節減効果は、規模の利益をベースにしており、5,000人未満1人当り行政費112.2万円、1万人未満67.9万円、2万人未満46.8万円、3万人未満41.8万円、4万人未満37.4万円、5万人未満38.9万円、10万人未満35.8万円である。篠山市の場合、旧4町の1万人前後の自治体が、5万人となったので、41.3％の節減効果が見込まれているが、合併直後はそれほど大きな効果はない。

(5)　なお合併にともなう行政問題については、地域自治組織の問題がある。合併後5年に限って旧市町村に置くことができるとされている、「合併特例区」と「地域自治区」の問題である。「合併特例区」は、土地や施設を所有・管理できる、法人格を持ち、特別職の区長をおくことができる。「地域自治区」は法人格のない組織である。

　戦後、日本の市町村合併の欠点は、合併市町村における、旧町村単位の住民自治を軽視・無視してきたことである。イギリスでは人口15万人を最低規模とする、市町村　合併が強行されたが、市町村の傘下には、基礎的自治体といえる、住民自治が、タウンミーティングの伝統を受け継ぎ、小規模自治体といえる、パリッシュ（Parish）が存在してる。パリッシュは住民の意見伝達機関ではなく、租税で財源を賄い、地域施設を建設・管理している。日本の合併市町村も、地域自治体として、市町村税均等割を財源とする、地域自治体を制度化すべきである。高寄昇三『現代イギリスの地方自治』（勁草書房、昭和61年）182～186頁参照。

Ⅱ 合併後の財政運営と財政健全化計画

1 合併財政を類似団体とで比較する

　合併特例債の施設整備事業は、元利償還交付税算入で、実質的補助率3分の2、資金負担率5％という、破格の優遇措置は、合併自治体にとっては、打ち出の小槌で、施設建設を思い止まることはむずかしい。

　むしろ財政悪化の元凶は、一般行政費の膨張であった。篠山市は財政危機を予知し、早期に財政健全化計画を策定すべきであったが、市当局は首長以下、健全化策を採用しなかった。しかし、財政指標（表8参照）では、合併直後、すでに財政悪化の兆候はみられた。

　まず兵庫県下でほぼ人口規模・財政構造で等しい、小野市と篠山市とを比較してみるが、小野市は財政力指数が高いので、財政力・人口規模で、同様の京都府綾部市、山口県萩市、熊本県玉名市、大分県宇佐市などもと比較してしてみる。

　合併後の篠山市の財政推移（表9参照）をみると、財政指標の悪化は否定できない。第1に、平成18年度財政規模（表8参照）は、篠山市と小野市は、総計は389億円と376億円と同規模である。一般会計ベースでは篠山市216億円、小野市180億円と、篠山市が20％ほど大きい[1]。

　平成11年度、類似団体比較でも、篠山市は基準財政需要額、歳出総額でも大きく、歳出総額では、約1.5倍の規模である。しかも合併特例債の建設事業が、本格に実施されると、篠山市の財政規模は大きくなっていった。

　第2に、篠山市の経常収支比率は、経常収支比率は、平成11年度78.8％から、7年後の平成18年には97..2％と18.4％も上昇している。行財政改革に

表8　篠山市・小野市・綾部市・萩市・玉名市財政指標（平成11年度）　（単位 百万円 %）

区　　分	篠山市	小野市	綾部市	萩　市	玉名市	宇佐市
人口(12.3)	47,281	49,778	39,686	46,624	45,952	50,460
歳出総額	29,957	20,702	20,664	22,256	18,509	19,712
標準財政規模	13,906	10,930	9,927	10,252	9,811	11,396
財政力指数	0.47	0.71	0.47	0.48	0.49	0.45
経常収支比率	78.8	83.6	81.5	84.1	83.3	92.2
人件費比率	32.2	28.9	31.4	34.5	27..9	34.6
公債費比率	18.4	17.3	16.3	14.9	16.0	17.5
実質収支比率	3.3	3.1	0.8	5.3	5.7	3.2
公債負担比率	12.6	15.2	15.2	12.0	15.5	15.5
公債費比率	16.3	16.3	14.7	12.4	14.0	14.0
起債制限比率	10.7	9.9	10.3	9.6	10.0	9.1
地方税収入	5,652	7,131	4,482	5,002	4,607	4,920
交付税収入	8,457	3,492	5,673	5,916	5,397	6,583
地方債収入	7,165	1,460	2,083	3,191	1,845	1,765
人件費	5,218	3,636	3,743	4,424	3,412	4,420
地方債現在高	30,573	16,795	18,332	17,920	17,796	18,478
積立金現在高	6,516	6,721	3,366	7,790	2,068	3,500
職員数(人)	592	384	398	423	402	450

資料　『市町村別決算状況調』（平成11年度）

　よる減量化なき、財政運営の結果で、財政硬直化がすすんでおり、小野市の18年度91.2％より悪い。
　一般的に80以下が健全指標であり、小野市もあまり良いとはいえないが、経常収支悪化は、全国的傾向である。なお平成11年度の経常収支比率は、類似団体比較では、篠山市の数値は、むしろ良い水準であり、篠山市の経常収

支は、合併後から悪化していった。

　第3に、市債発行額は、旧4町16.8億円（平成8年度）であったが、合併後篠山市平成11年度71.6億円、12年度91.5億円、13年度112.2億円、14年度91.5億円と、人口5万人以下の市としては、破天荒ともいえる発行額である。

　平成15年度19.3億円、16年度29.9億円、18年度22.9億円と、一般市なみの水準になる。一般水準を20億円とすると、平成11〜14年度の4年間で約285億円の超過発行である。ちなみに小野市は、平成11年度14.6億円、12年度14.2億円、13年度36.1億円、14年度18.4億円、15年度18.5億円、16年度25.6億円、17年度10.4億円である。

　また公債費は篠山市は、平成11年度こそ27.8億円と小さいが、以後、増加し30〜70億円となっているが、小野市は12年度21.4億円で以後も推移し、17年度でも22.1億円である。

　起債制限比率も、平成11年度10.7％から、18年度13.2％へと、2.5％上昇している。これは合併特例債の後遺症であることは、歴然としている。公債比率・起債制限率は、予想より少ないのは、交付税補填措置で、元利償還特定財源が、償還財源に算入されたからである。他市との比較でも高くない。

　市債残高は、平成8年度旧4町202億円であったが、11年度には合併特例債はわずか6億円であるが、合併時306億円と増加した。7年後には542億円と、236億円の増加となっている。

　実質的な合併事業債は、特例債以外の事業もあり、約300億円とみなされる。なお平成11年度の地方債残高は、他市は100〜200億円で、篠山市は約400億円程度大きく、篠山市の数値は、飛び抜けて大きい。

　平成18年度市債残高は、篠山市520億円、小野市160億円と3.25倍の差がある。元利償還金は交付税算入があるとしても、100％でないので、60％としても、40％208億円は、市費負担となり、市税収入の4倍となる[2]。

　第4に、交付税は、合併前旧4町で73.78億円（平成8年度）で、合併後11年度84.57億円と、旧町単位の算定方式が適用され、交付税額は維持され合併特例債分が加算されていった。以後も80億円を維持している。合併特例債

表 9　篠山市の主要財政指標　　　　　　　　　　（単位 千円 %）

区　分	平成 11	平成 12	平成 13	平成 14	平成 15	平成 16	平成 17	平成 18
歳出総額	29,957	30,713	33,951	31,101	28,920	25,079	22,842	21,633
基準財政需要額	10,214	10,419	10,521	10,565	10,509	10,891	11,514	12,007
基準財政収入額	5,132	5,283	5,236	5,177	4,871	5,140	5,186	5,495
市税収入	5,652	5,184	5,237	5,315	5,219	5,151	5,399	5,255
地方交付税額	8,457	8,576	8,508	8,299	8,159	8,202	8,721	8,847
地 方 債	7,165	9,154	11,224	9,148	1,927	2,986	2,284	1,955
公 債 費	2,781	6,899	3,926	2,588	4,097	6,044	4,951	5,196
地方債残高	30,573	37,271	45,568	51,980	56,407	55,843	54,191	51,910
財政力指標	0.468	0.489	0.503	0.498	0.483	0.475	0.462	0.460
経常収支比率	78.8	81.5	83.0	89.8	86.5	94.3	92.3	97.2
起債制限比率	10.7	11.8	12.6	12.9	13.0	13.2	13.2	13.3

資料　篠山市

償還額の交付税算入が、年次的にあわせて、全額算入措置がとられているからである。

　小野市の交付税は、平成11年度34.9億円であるが、減少傾向にあり、15年度34.0億円、17年度28.6億円で、篠山市が85億円前後で推移しているのは、合併特例債算入といえる。なお平成11年度の篠山市交付税は、他市と比較して、合併特例債算入で20～30億円が多くなっている。

　第4に、人件費をみると、平成11年度では、篠山市52.2億円、小野市36.4億円、小野市384人（一般職員365人）、篠山市592人（一般職員563人）で、篠山市は一般職員数で1.54倍、198人も多く、人件費で15.8億円も多い。他の類似市に比較しても、篠山市の人件費は、10～20億円多い。

　篠山市は、小野市なみの人件費36億円へ、如何に早期に軟着陸するかであったが、平成18年度でも44億円で、削減は思ういようにはすすんでいなく、再生計画でも23年度に、やっと36億円になっている。

篠山市の合併による、財政支出増加額を推計すると、小野市とでは、人件費で16億円、総務費でみても年10〜30億円（平成12年度篠山市51.8億円、小野市22.4億円、17年度篠山市32.4億円、小野市18.7億円）の差があり、年平均20億円として、10年間で200億円程度の、類似団体比較で、実質的収支赤字が発生している勘定になる。
　どうして一般行政費の膨張がみられるのか、合併前、旧町で或る程度の給与引上げという、措置がとられるが、それがなくとも、合併後、合併効果で類似団体比較で職員の過剰が発生する。
　交付税は、10年間の合併特例期間中は旧町単位の算定であるので、収支的には過剰は発生しないが、10年後は単独市5万人の人件費・行政費しか算入がなく、中期的には過剰職員と化していく。
　合併建設事業300億円の、実質的市債負担は元利償還費の補助金交付・交付税算入で、約100億円、行政費約200億円の合計300億円が、合併10年後、実質的赤字として財政圧迫となるといえる。
　合併後、一般行政費の負担増加をせめて、年10億円程度に抑制し、合併効果がみられる10年後まで、基金取崩し・減量化などで凌ぎ、財政収支の均衡を図っていく、財政運営方針を選択すべきであった。
　このように篠山市・小野市の財政診断をみてみると、篠山市の市債残高が異常に大きい。しかし、交付税措置で補填されているが、行政費負担増は、地方債の約2倍である。したがって篠山市の財政危機は、合併特例事業ではなく、一般行政費の膨張である。
　ただ類似団体との比較での割高の行政費は、従来の人件費・施設費が、膨張したのでなく、交付税措置もあり、合併市としては、首長・職員も実感が湧かなかったといえる。しかし、合併特例債施設管理費の増加もあり、また市政として行政水準の上昇費もあり、新築住宅と同様に、一般行政コストは増加することは避けられない。
　注意すべきは、合併直後の篠山市財政状況（**表8、9参照**）は、類似団体との比較では、財政診断指標は悪くない、ただ市債残高・職員数が異常に高く、

要注意の兆候がみられるのである。しかも、これら指数は、次年度以降、悪化しても旧町単位の算定・合併特例債の交付税算入で、交付税収入が大きく、公債費関係指数も、元利償還財源の交付税措置で小さくなっており、健全化と誤診することになる。

したがって合併直後は、財政診断指標からみた、財政悪化の兆候は切実感がなく、合併後、数年間の合併特例債の発行で財政指標的には悪化していくが、それでも交付税措置で、財政収支は破綻することはない。

平成18年度には公債収入約20億円、公債償還額50億円で、30億円もの収支ギャップが、公債費で発生する。交付税は80億円の収入を保っているというものの、増加分はこの公債費差額で、すべて消費されてしまう。

篠山市の財政危機は、合併特例債負担は、交付税で措置されるが、人件費を中心とした、一般行政費の膨張であり、交付税の補填措置はほとんどない。しかし、財政運営上、注意しなければならないのは、10年の合併特例期間中は、財政収支は比較的順調な様相を呈するが、以後、急速に財源不足が発生する。

篠山市と小野市との財政指標の分析では、財政力の低い、財政構造が悪化している篠山市が、小野市より一般行政費が大きく、減量的財政再生が、早期に実施すべきことは、財政診断から明確であった。

2 楽観的予測が財政悪化をもたらした

財政状況悪化に直面して、「篠山市再生計画（行財政改革編）」（第1次答申案）を策定し、財政悪化の原因は第1に、「右肩上がりの合併計画と甘い将来見通し」としている。合併後の人口増加を、4万7,000人が、合併10年後6万人に増加すると、見込んでいたが、現状維持か減少気味である[3]。

合併は昭和において、5回頓挫しており、悲願の合併合意であった。全国的に合併にともなう、施設整備計画は、巨額の投資を想定しており、政府の合併特例債を期待していた。

第2に、「地方債を活用した身の丈以上の公共事業」の実施である。「篠山市は、合併特例法が用意した財政支援策を最大限活用して、旧多紀郡4町が課題にしてきた都市基盤整備を一気に実現しようと意図した」（同答申4頁）ことは、否定できない。
　地方交付税は、合併特例債の元利償還費が、7割程度算入されるので、大幅増加となり、合併以後、80億円以上の収入となっている。しかし、補助金・交付税補填があっても、合併事業300億円で100億円以上の実質的市費負担となり、市税収入は50億円で、2年分である。
　第3に、「当てが外れた地方交付税」が、財政悪化の要因の1つと指摘している。この点について「冷静に考えれば、全国で合併が進んでいった時、自分たちだけに地方交付税が余分に配分されることはありえない、と予想できたはずである」（同答申5頁）と、冷静に判断すべきと諭されている。
　しかし、篠山市の合併特例債の元利償還分は、全額地方交付税に算入されていおり、平成11～18年度80億円以上の収入となっている。もっとも三位

表10　兵庫県篠山市の合併後交付税・市債の推移　　　（単位 百万円）

区分	交付税 普通交付税	特別交付税	計	市債（許可・同意額） 合併特例債	減税補填債（臨時財政債）	その他建設債	合計
平10	6,258	1,122	7,380	—	256（—）	4,965	5,221
11	7,159	1,298	8,457	617	66（—）	5,176	5,859
12	7,178	1,397	8,575	4,973	68（—）	4,502	9,542
13	7,204	1,304	8,508	4,818	416（349）	5,470	10,704
14	7,062	1,237	8,299	3,224	806（739）	4,813	8,843
15	6,995	1,164	8,159	2,743	1,445（1,372）	2,235	6,423
16	7,133	1,069	8,202	503	1,791（967）	1,174	3,468
17	7,721	1,000	8,721	568	813（748）	468	1,849
18	7,897	950	8,847	728	721（670）	302	1,751
19	8,106	820	8,926	337	608（608）	73	1,018

　注　平成10～18年度は決算、19年度は現計予算である。臨時財政対策債は、減税補填債等にふくまれる、内書きである。

一体改革にもとづく、地方税増収は、篠山市のような非大都市圏の小規模団体には、恩恵が及ぶことはなかった[4]。

むしろ財政悪化の要素としては、交付税・地方債推移（表10参照）にみられるように、臨時財政対策債減少、特別交付税減額の方が、影響が大きい。平成15～19年度で臨時財政対策債で24.96億円、特別交付税で8.22億円の合計33.18億円の減収となっており、財政悪化を加速させる原因となっている。

第4に、「財政収支見通しの狂いと不十分だった行政改革」が、財政破綻の要因の1つとして、あげられている。しかも平成19年5月の財政収支では、4年後の23年度に、財政破綻する可能性が高まった。

問題は平成18年度の財政収支計画では、財政破綻のシナリオは描かれていない。2つの財政計画の「差に愕然とする」（同答申5頁）といわれている。[5] このように財政収支の見通しが、たった1年で、大きく変貌することは、自治体ではよくあることであるが、つぎのような点を注意しなければならない。

第1に、財政計画は、数値の操作でどうにでもなる。問題は財政運営への認識の差であり、将来の財政状況を楽観的にみるか、悲観的にみるかであるが、多くの場合、悲観的予測は、減量経営の必要性、現政権の財政運営の失敗を、指摘することになるので、甘い予測となる。一方、悲観的対応は、一般的には財政指標診断にもとづく、適正など判断であり、悲観的でもなんでもない。

この点について、「従来の財政計画の立て方は、辻褄を合わせることで、どれだけの収支不足が生じるかを覆い隠してきた面がある。今回、財政収支見通しの作成方法を根本的に変えたことで、財政の実態が白日の下に晒されることになった」（同答申5頁）といわれている。

すなわち安易な財政計画のもとでは、結局は行財政改革を、実質的にはしていなかったことになる。意図的ではないにしても、財政収支計画を、楽観的に予想することは、財政破綻の要因となる、悪質な行為として、非難されるべきである。

第2に、楽観的予測は、多くの被害を、市民・職員にもたらす事実を、自

覚していない。1つに、責任者である、首長の責任追求を困難にする。すなわち退職後になると、責任追求の方法もなく、条例どうりの高額の退職金を懐に納め、積極的財政の推進者という、栄光と賛美のもとに、名誉ある引退となる。

2つに、最大の弊害は、行財政改革の回避で、財政のムダを温存し、財源不足を増殖する。職員の退職金をみても、財政悪化により多く、責任を負担すべき高齢者が、減額なき退職金を受けとって退職するが、残された職員は、給与カット・退職金減額などの被害を、長期にわたって堪え忍ぶ羽目になる。このような世代間の不公平は、早期の改革によって、阻止しなければならない。

3つに、遅れた財政再建は、赤字額を幾何数的に倍加させる。そのため市民サービスにまで、被害が及ぶ事態になる。施設管理のコストダウンは、利用時間の制限とか、利用水準の悪化となり、投下資本に対する、費用効果を低下させる。

結果的に財政収支は、たとえ改善しても、市民・職員の犠牲は大きい。

4つに、「欠如していたリスクマネイジメント」が、財政破綻の要因の1つとされている。篠山市では合併後の数年で、特例債を活用した、多くの事業を実施している。しかもこれら事業について、費用効果・財政負担も、十分に検討されることなく、着工・完成されている[6]。

ただ、合併特例債は、短期の集中投資をしなければ、特例債でなくなり、災害復旧事業と同様である。また特例債を限度まで活用しようとし、施設投資は水脹れする。合併団体の宿命として、関係団体に平等に施設配分をしなければならず、特定地域の特定施設だけを廃止、または遅らせることは、出来ない相談である。

対応策としては、合併が成立し、市として発足した時点で、財政健全化計画を策定し、投資の抑制、人件費の削減をやっていれば、財政危機は回避できたはずである。要するに家計と同じで、立派な家を有利な条件で、建築できたのであるから、住宅ローンが残ってる間は、経常費としての旅行・グルメ・観劇は、辛抱をしなければならない。

しかし、建設後も生活水準を落とさずにいると、光熱水費、医療費、交通費まで切り詰め事態に陥る。自治体財政も同じで、早期に対応すれば、無理な減量財政を、強要する必要もないのである。

　要するに篠山市の財政危機は、合併時点で財政指標から判断可能であり、財政診断指標からは、合併特例債の建設負担は、交付税措置で100億円に圧縮されたが、類似団体比較で一般行政費は年20億円水脹れしており、10年間で200億円の負担増加となっている。

　したがって優遇措置のある、合併特例債事業は、地域社会としては事業化し、一般行政費は削減、実際は一般市なみの水準にするだけである。このような財政健全化計画を、合併当初において、合併特例措置のある、10年間に財政整理の目処をつけて、財政悪化の後遺症を、除外しておく必要があった。

3　財政健全化計画の遅れが危機の原因である

　篠山市は、平成19年度を「再生元年」と位置づけて、財政9カ年計画（表11参照）を策定し、財政再建に本格的に取り組むことになった。

　市民と学識者で構成された、「篠山再生市民会議」が、財政再生計画を作成したが、財政状況はすでに危篤状況で、「悔やまれるのは、実態を反映した財政収支見通しをなぜもっと早く策定し、対策に取り組むことができなかったのかということである。数年でも早く対策を採り始めていれば、対策の選択肢の幅ももう少し広がっていた可能性がある」（同答申6頁）と、悔やまれている。

　実際、財政再建への選択の幅は小さく、人件費中心の削減計画となっている。ただ義務的支出として、兵庫医大病院への毎年補助金（年1.5億円）、第1次改修工事市負担金（5.0円）、学校耐震改修工事（2.5億円×4年間=10億円）などがある。さらに水道事業赤字繰出金（18年度赤字1億8,408.8万円）2億5,067.2万円がある。

　これらの赤字負担・義務的支出は、財政計画には組み込まれいるが、公営

事業への一般会計からの繰出金が、将来、膨張するのではないかとの危惧がある。平成18年度繰出金は、国民保険事業（3億4,794.3万円）、老人保険（3億7,910.0万円）、介護保険（4億4,663.2万円）などである。

削減方針は、第1に、平成19年度561人を25年度461人に削減し、将来は400人体制にする。職員給与15％削減、50歳昇給停止、57歳勧奨退職制度を採用する予定である。400人でも類似団体の標準的職員数以上である。

表11　篠山市財政再生計画（職員給与15％削減のケース）　（単位 億円）

区 分	平成19	平成20	平成21	平成22	平成23	平成24	平成25	平成26	平成27
市　税	55.3	56.3	55.0	55.7	56.7	55.4	56.1	57.1	55.9
地方交付税	90.0	90.8	91.2	88.6	82.8	880.9	78.7	76.7	74.2
その他収入(基金を除く)	19.4	19.3	19.5	19.1	18.8	18.5	18.2	17.9	17.8
収　入　A	164.7	166.4	165.7	163.4	158.3	154.8	153.0	151.7	147.9
人件費	38.6	38.1	37.5	37.1	36.7	335.6	34.4	33.7	32.3
人件費(人件費削減後)		＊30.5	＊29.2	＊28.6	＊27.8	＊26.9	＊25.8	＊24.4	＊23.7
公債費	52.8	55.4	52.7	53.1	52.7	49.7	49.2	48.4	25.5
物件費	25.7	26.2	25.9	26.0	26.3	26.5	26.2	26.3	
投資的経費	6.0	6.0	6.0	6.0	6.0	6.0	6.0	6.0	6.0
投資的経費(病院学校)		2.5	7.5	2.5	2.5				
補助費(医療補助)など	1.5	1.5	1.5	1.5	1.5	1.5	1.5	1.5	1.5
その他(児童手当)など	48.2	49.6	51.0	50.4	50.7	50.3	550.3	51.6	52.4
支　出　B	172.8	179.3	182.1	176.6	176.4	169.6	167.6	167.5	162.7
差引収支(A－B)	△8.1	△12.9	△16.4	△13.2	△18.1	△14.8	△14.6	△15.8	△14.8
基金　財政調整基金C	19.8	9.9	0.0	0.0	9.2	24.0	38.6	54.4	69.2
減債基金D	5.0	2.7	1.8	0.0	0.0	0.0	0.0	0.0	0.0
地域振興基金E	22.7	24.7	19.7	8.9	0.0	0.0	0.0	0.0	0.0
基金残高(C+D+E)	47.5	37.3	21.5	8.9	9.2	24.0	38.6	54.4	69.2
市債残高	484.1	445.0	406.9	367.3	326.0	286.4	249.1	207.1	173.8

注　平成19年5月の再建計画答申案の推計である。
資料　篠山市市政広報紙

夕張市のように退職金を、年次的に削減し、高齢職員を早期退職に追い立てる、荒療治はしていない。退職金割増方式で、早期退職者を募る方法を採用するかである。

第2に、補助金10％削減。第3に、投資的経費1億円削減。第4に、物件費を平成21年度から10％削減、25年度から20％削減とする。第5に、議員報酬の総額20％削減となっている。

人件費の削減を除外すると、財政計画収支は、基金を全部崩しても、平成27年度累積赤字69.2億円が発生する。しかし、給与15％カットをはじめ、計画されている人件費削減をなすと、現状方式での人件費の合計324.0億円であるが、15％方式では255.5億円で68.5億円の削減額が見込まれ、累積赤字がほぼなくなる。なお20％削減方式では、人件費は240.9億円で、15％方式との差は14.6億円に過ぎない。

このような財政指標から、合併効果がどうであったかであるが、実際は合併の効果算出は、むづかしい。それは合併と関係のない、地方財政の変化や、行財政改革の効果がみられるからである。

第1に、合併関連事業の実質的負担は、約100億円で、市税収入の2年分、人件費の3年分である。10年計画では、償還可能であるが、交付税補填のない、行政費累積増加額200億円が、追加されると、どう償還していくかである。

第2に、平成11年度の人件費・公債残高の篠山市財政指標で、将来の財政危機症状は予測され、健全化計画を策定すべきであった。もし人件費10％カットなどを実施し、年間10億円程度削減しておれば、80億円程度の削減が、可能となっている。

このことは削減・負担の激変緩和をもたらし、大袈裟にいえば、人件費などの世代間不公平を圧縮し、財政運営における公平化に貢献する。

第3に、なぜ合併直後に健全化計画を、策定できなかったである。合併祝賀ムード、首長の政治的意向もあったが、財政診断指標を公表し、財政再建を促す、外部圧力・刺激が作用しなかったことである。当面、マスコミ・市民グループの責任もあるが、議会の責任がもっとも重いが、合併直後の議会

に期待するは、もともと無理な注文である。

　平成の大合併とは、何であったかを考えてみると、合併の意義・効果が、曖昧なままである。それでも篠山市の合併は、全郡の完全合併という、地理的精神的統合性が生れ、合併施設・投資として、300億円の投資を、100億円の自己負担で実施でき、合併のメリット・デメリットは、はっきりしている。しかし、全国的には統一性がなく、合併規模・様式もばらばらである。

　第1に、政府は市町村合併特例法の期限切れを、平成17年3月末にし、退路なき合併推進を推進したが、なぜそこまでする必要があったのか、明確な行財政上の理由が、見当たらない。

　明治22年の市制町村制施行に、ともなう合併は、明治近代国家形成のため、末端の町村が、人口100人以下では、国政委任事務の処理にもできないという、明確な国家的要請があった。

　昭和30年度の合併は、6・3制の実施など、戦後改革の市町村事務が拡大したが、町村の規模が小さく、その負担に耐えられなかった。現に多くの町村が、財政破綻をきたしていた。

　平成の大合併は、事務事業の配分、構造的財政危機の圧迫もない、ただ漠然たる、財政不安に対する、合併であった。本来、道州制をめざす準備として、郡単位の全国的町村合併をめざすといった、明確な合併理由も示していない。

　第2に、政府の本音は、少子高齢化社会をむかえて、町村の行財政能力に、不安が禁じなかったのではなかろうか。しかし、この発想は本末転倒で、現在のように生活保護・国民健康保険・介護保険サービスを、小規模団体である市町村を、事業団体としているのが、不合理な事務配分なのである。

　もし市町村が事業団体となるのであれば、最小規模15万人の市に、全国を強制合併させていく必要がる。そのためには合併旧町村は、イギリスのパリシュのように、限定的自治権をもった存在として、設置していくことになるであろう。

　第3に、制度的には合併の必然性は、なかったとなると、合併効果による

行財政効果となる。そのためには合併特例債を、誘因とする促進剤が用いられが、合併は手段と目的が逆転した、施設整備型の合併となった。

この施設整備をテコに、新しい地域づくりのチャンスをめざす合併もあるが、多くは施設整備を、この機会に遂行しておくといった、行政ベースの公共投資である。まして行政改革のきっかけとする、発想・意欲は乏しい。

第4に、それでも平成合併は、市町村数が3分の1になる、成果をみた。なかには合併で給与の引上げ、ムダの制度の温存といった、合併にともなう、モラルハザードがみられた。

ただ合併市町村は、合併による施設整備の過大投資と、行財政改革の推進との、同時施行という、離れ業の財政運営を余儀なくされる。問題は合併事業で、余分の箱物をつくるか、生活施設を整備するかの、選択の余地はあり、篠山市では下水道・中学校・環境施設などの施設整備が、格段にすすんだことは、せめてもの救いといえる。

しかし、合併後の財政運営の、むづかしさを考えると、合併特例措置が5万人規模で施設整備事業が、最高約190億円特例債措置、市町村資金基金が最高約20億円特例措置、特例行政費5億円で、財政膨張・建設志向型の合併となっている。

合併特例法が、せめて事業費100億円、基金100億円の合併特例措置として、基金は10年間崩すことを禁止しておれば、財政運営に寄与することが大きい。そこまで優遇して町村合併をさせることはないとの反論もあるが、合併による行財政効果で、政府は交付税・補助金の節減が見込まれるのである。しかし、特例法までが、施設整備型合併に迎合したので、合併自治体の財政悪化を、引き起こす要素と化した。

第5に、平成大合併は、明治の大合併と同様に、多くの小規模町村が、独自性を主張して、存続を決めた。政府としては人口5万人程度を最低規模として、画一的合併を期待したが、目標は達成をみなかった。そのため政府は事務配分・財政支援措置などの、行政改革が、実施できない結果となった。

人口1万人の町村が、独立を守るため合併をしないのは、本来、地方自治

と関係ない。住民のため十分な行政サービスが、できるかどうかである。この点から、人口10万人程度の団体がふさわしい。

　平成合併は、事務・財源配分などの、制度的改革の必然性が欠落していた。さらに広域連合自治体として、合併市町村に何を求めるのかも、明確でなかった。財政悪化に対する、行政効率の促進という、後むきの合併であった。

　唯一の効果は、市町村規模の拡大によって、人件費を中心とする、財源節減効果は、確実に期待できるが、実際、市町村財政としては、一般交付税削減額が大きく、2階へあがって、梯子をはずされた感を免れない。

(1)　特別会計・企業会計は、小野市・篠山市とも開発事業を手がているが、数千万円程度で大きくはない。ただ小野市は、病院事業を単独経営しており、事業規模（収益的収支37億201.9万円、資本的収支7億2,923.4万円）も大きい。篠山市は兵庫医大への経営支援金数億円で済んでおり、財政的には有利である。平成18年度で、一般会計は篠山市216.3億円、小野市179.8億円、特別会計篠山市146.5億円、小野市108.2億円、企業会計篠山市25.5億円、小野市87.8億円で、総計篠山市388.3億円、小野市375.8億円である。

(2)　市債520億円の交付税算入額を推計すると、合併特例債は185億円として、残余の335億円も地域振興・財源補填建設債として、交付税算入があり、正味の負担は、合併特例債を185億円、交付税算入70％とすると、実質的55.5億円であり、残りも財源補填45％算入とすると、実質的負担は184億円程度で、合計239.5億円と推計される。

(3)　この点について、再生計画報告書は、「経済成長率はすでに鈍化し、人口も現実に減少し始める時代に突入した。その潮の変わり目において、篠山市は従来の右肩上がりの計画、将来の辻褄を合わせる計画という発想から、抜け出すことができなかった。合併に、都市としての発展、人口が増加していくという夢を乗せずにはおれなかった」（同答申4頁）のである。「一部では、このような右肩上がりの計画に不安を覚える人もいたであろう。しかし、合併に至りまでのこれまでの努力を考えると、計画やその　中の事業への反対は合併への反対とも受け取れれかねず、警鐘を鳴らす声は合併優先論の前にかき消されてしまった」（同答申4頁）と、悔やまれいると報告している。

(4)　再生市民会議報告書は、この点について、「合併時に三位一体改革に伴う地方

交付税の削減までを予想しておくことは、一自治体として不可能なことであったろう。しかし、それにしても、合併時の財政見通しは楽観的に過ぎるものであり、その後の事態の急変に対する計画の見直しにも甘さがあったと言わざるを得ない」(同答申5頁)と、合併後の財政運営を批判している。

(5) この点について、「合併直後からたびたび財政計画を作り直してきた。……合併特例法の適用をうけた最初の改訂に始まり、地方交付税の段階補正の縮減・三位一体改革と、事あるごとに財政収支の実績は見込みを下回り、財政規模を縮小させる方向で見直しを迫られてきた」(同答申5頁)とのべている。なぜたった1年の差で、このような見通しとなったかで、「市財政課は、第1に、これまで歳入面でも歳出面でも、基本的に伸び率方式で将来値を予測していたためであり、第2に、収支不足が生じれば、それを相殺するように行政改革によって歳出が削減される前提で計画を作っていたからだという。伸び率方式による予測は、手元の数％の狂いが数年後には大きな差となって現れてくる」(同答申5頁)と、説明されている。

(6) 再生委員会報告書は、この点について「合併直後の数年間という短期間に、身の丈を超えた巨額の公共事業を一気に実施してしまった……なぜ優先順位をつけて、一つ一つ実行するという段階を踏むことができなかったのか悔やまれる」(同答申6頁)。また「計画に携わった人たちの中から、なぜ公共事業を短期間に集中させることに危惧を唱える声が出てこなかったのだろうか。……マネジメント感覚の欠如と言わざるを得ない」(同答申6頁)といわれている。

第3章　財政健全化法と地方行財政改革

I　財政健全化法と破産予防機能

1　健全化判断比率は有効に機能するか

　政府(総務省)は、近年、地方財政破綻症状のひろがりに、危機感を募らせ、「地方公共団体の財政の健全化に関する法律」(平成19年6月22日)を公布した。従来の「地方財政再建促進特別措置法」が、財政破綻団体への財政再建を、主たる目的としたが、健全化法は、全地方公共団体を対象にし、財政運営健全化の指導を目的としている。

　自治体財政指導の基準として、財政診断指標(図1参照)を設定している。第1に、実質的赤字比率で、従来からの財政指標であるが、単複の普通会計ベースであり、公営事業会計は対象外である。しかし、第1段階の財政診断指標としては、有効である。

図1　財政健全化法の財政診断指標

一般会計	普通会計	実質的赤字比率	連結実質赤字比率	実質公債費比率	将来負担比率
特別会計	公営事業会計				
企業会計					
一部事務組合・広域連合					
地方公社・第三セクター					

　資料　総務省・日本経済新聞 (2007.6.3)

第2に、連結実質的赤字は、公営事業会計もふくむ収支である。普通会計と企業会計は、一般会計から企業会計への、出資金・繰出金・貸付金などで、財政支援をしており、一体性は深まっている。したがって公営企業会計の赤字・債務を、ふくめた連結決算の必要性は、高くなっていた。

　第3に、実質公債費比率は、現在でも利用されている、指標である。元利償還に対する、一般財源負担で、特定財源・交付税算入財源を控除して算出される。元利償還の範囲は、一部事務組合をふくんでいるが、外郭団体はふくまれていない。

　第4に、将来負担比率は、曖昧な財政指標である。ただ3つの赤字指標と異なって、ストック・長期指標である。外郭団体をふくむ、連結決算方式の債権・債務指標である。

　要するに地方債残高・退職金・債務負担行為の総額から、基金などの資産を、引いた金額と標準財政規模との比率である。

　独特の財政診断指標で、貸借対照表より一般的に説得性がある。将来負担比率を、兵庫県（表12参照）でみると、不完全であるが、全貌が把握することができるが、具体的にこの数値が、どの程度の危険度を示すものかは、未知数の分野である。

表12　兵庫県の将来負担額の概算　　　　　　　　（単位 億円）

区　分	金　額	区　分	金　額
地方債残高（実額） （地方債残高・一般会計） （地方債残高・特別会計の一部） （県債管理基金の積み立て不足額）	40,000 (33,000) (4,000) (3,000)	外郭団体などの負債・債務保証、損失補償額 　（土地開発公社などの負債額） 第三セクターなどの債務保証、損失補償額	3,200 (2,000) (1,200)
退職手当の負担見込み額	6,300	公営企業会計などの起債への繰り入れ見込み	1,400
債務負担行為	100	合　計	51,000

資料　神戸新聞（平成19年10月25日）

健全化法の機能評価については、第 1 に、従来の地方団体への財政指標は、地方債発行における、許可制限としての普通会計の公債比率と、財政再建団体の申請用件の目安とされた、実質的赤字（5 ～ 20％）のみであった。
　このような単独指標方式は、緊急事態の対応指標であり、地方財政運営の健全化を、平素からの指導基準でない。総務省は、複数の財政指標を統合し、平素からより完全な指導基準を作成すべきである。
　第 2 に、近年の地方財政の変貌は、公営企業・外郭団体といった、複合企業（コングロマリット）化しており、普通会計ベースの財政指標は、実効性に欠ける。したがって連結決算方式の財政指標として、連結実質的赤字・実質公債比率・将来負担比率を導入した。しかし、外郭団体をふくめた、本格的連結決算は、将来負担比率のみである。
　第 3 に、政府が定める、健全化判断比率をこえると、財政健全化計画を作成し、早期是正措置を命じる。再生判断比率の基準をこえると、財政再生計画を策定しなければならない。必要に応じて、地方債の起債制限をうける。
　第 4 に、健全化判断比率を、監査委員の審査に付したうえで、議会に報告し、公表する。このように財政診断の結果を、議会・監査委員に、評価させるという仕組みは、財政診断への関心を深める、システムとして優れている。
　問題は、有効に機能するかである。すべての議員に、財政診断の評価報告書の提出を求め、財政再建への個人的見解の提出を、義務づけるべきである。
　現在の議会では、議会における暴言・出欠などが、懲罰の対象であるが、これらは議会運営に関する措置で、市民に対する責務は皆無である。極論すれば、議員はなんら勉強することなく、活動状況も評価の対象にならない。このような能天気の状況で、財政監視ができるはずがなく、個別に責務を課すことが、議会再生の有効な手段である。
　第 5 に、事前予防措置の導入である。「現行の地方財政再建促進特別措置法が、自治体の財政破綻を待って、事後的に国が関与する仕組みであるのと比較し、破綻に至る前から国が関与できるとするところにその特徴を見出だすことができる」[1]といわれている。

ただ将来負担比率は、基準をこえても、財政再生団体にはならないのは、この指標が会計的に未成熟であるからである[2]。ただ従来の財政診断指標に比較すれば、格段の進歩がみられる。ことに将来負担比率は、貸借対照表よりわかりやすい。ただこれら健全化指標には、適用に問題がないわけでない。

　第1に、財政指標は、固定された現時点の財政診断であり、全国的な画一的指標であり、絶対的な財政運営指針ではない。普通会計の実質的赤字といっても、大都市圏の人口増加団体と、過疎地方の人口減少団体では、おなじ10％の赤字でも、指標が示す財政赤字危険度は、異なってくる。複数の財政指標で、総合評価方式を、導入すべきである。

　ことに地方債許可とかららめて、これら財政診断指標を基準とするとき、地方債許可制度の完全復活であり、中央統制の強化につながる、恐れが十分にある。さらに許可制度の運用の如何によっても、自治体の経営マインドを、スポイルさせ、逆機能が発生する。

　第2に、地方財務会計は、資産・債務の評価方式について、統一した基準がない。今日、土地開発公社は、数兆円の不良資産を抱えているが、取得評価か時価評価か、いずれで対応するのか、問題のあるところである[3]。

　たとえば出資金などは、資産とみなされているが、自治体の第三セクター・政府関係団体への出資金・貸付金のなかには、資産価値はゼロに等しく、永久に売買も、返還の見込みもないので、不良債権として処理すべきである。典型的事例は、土地開発公社の塩漬け土地である。

　地方債などの債務処理についても、明確な基準はないので、「隠れ赤字」が、意図的につくられる。また公営企業・外郭団体などの累積赤字額は、損失補償の如何にかかわらず、自治体が何時かは、整理しなければならない債務である。

　第3に、実質公債比率は、外郭団体の債権・債務をふくんでいないので、これでは自治体で、たとえば夕張市・大阪市などでは、実質的公債比率と、外郭団体をふくむ、「隠れ債務」を算入した、実際の債務状況とでは、大きな差異が発生する。

自治体であっても、実際の債権・債務状況を評価することは、判断がむつかしく、現に横浜市債は、外資系格付け機関スタンダード・アンド・プアーズ社による格付けは、国債の格付けとおなじ、「ＡＡマイナス」である。横浜市の実質公債費比率は23.3％で、評価に大きな落差がある。すなわち財政診断指標は、絶対的評価ではない。

　基本的には地方債許可制、そのものが不当な中央統制措置であり、地方債許可制を前提条件とした、この財政健全化法の制定は、財政診断指標の適用において、判断を狂わす要素を、秘めているといえる。

2　会計諸表は健全化に貢献しているか

　総務省は、平成20年度決算から、各地方団体に、新しい様式の財務書類作成を求めている。貸借対照表、行政コスト計算書、資金収支計算書、純資産変動計算書などである。しかし、会計方式のみやたらと作成しても、これら財務諸表が、どれだけ有効かを検証しながら、導入すべきである。

　第1に、総務省の意図は、地方財務会計を従来の官庁会計方式の「現金主義・単式簿記」から、企業会計方式の「発生主義・複式簿記」に、軌道修正をすることである。

　しかし、公会計としてみれば、現在の企業会計方式の地方財務への導入は、直輸入的であり、公会計としての独自性は、未成熟である。そのためには貸借対照表でも、資本金の扱いには苦慮している。

　また自治体では、財務諸表を十分に活用する、システム・風土・意識が、定着していないので、様式のみ先行させ過ぎても、「ムダの制度化」となりかねない。

　第2に、貸借対照表・連結決算表・資金収支表・行政コスト計算表は、自治体で次第に定着しつつあるが、実効性からいえば、自治体会計のなかでは、市民権を得ていない。それは会計先行形の整備であるからであろう。

　公会計では貸借対照表で、正確なバランスシートは不可能である。ただ前

年度対比で、債権・債務がどう変化したかを読み取ることができるだけである。

第3に、行政コスト決算書（表13参照）なるものが、自治体で作成がひろがっているが、全会計の行政コスト計算書を作成しても、あまり有効な財政判断指標としては、活用できないといえる。

一体何がわかるのだろうか、方式の変更が必要である。行政サービスの費用算出であるが、それならば、公共投資・建設事業のコスト計算書も、なければならない。むしろ個別行政サービスの行政コスト分析、公共投資の費用効果分析など、実際は事務事業の選択肢として、実効的効果をともなった、財務指標として必要である。むしろ地方公務員白書を、各自治体で作成するほうが、はるかに実質的効果が大きいであろう。

表13　西宮行政コスト計算書

区　分	金　額	区　分	金　額
行政コスト A	1,216億7,502万円	普通建設事業費（他団体等への補助金等）	9億9,095万円
人にかかるコスト	353億6,964万円	その他のコスト	64億3,173万円
人件費 　　退職給与引当金繰入金	317億5,889万円 36億1,075万円	災害復旧事業費 　公債費（利子） 　不納欠損額	1億2,243万円 59億1,647万円 3億9,283万円
物にかかるコスト	335億6,867万円	収入項目 B	1,279億2,524万円
物件費 　　維持補修費 　　減価償却費	180億3,542万円 25億8,015万円 129億5,310万円	使用料・手数料等 　国県支出金 　一般財源	104億3,289万円 196億1,500万円 978億7,735万円
移転支出的なコスト	463億498万円	正味資産国県支出金償却額　C	37億6,977万円
扶助費 　　補助費等 　　繰出金	234億6,935万円 54億8,489万円 163億5,979万円	差引一般財源等増減額　B+C-A	100億1,999万円

資料　西宮市市政ニュース（平成19年10月）

地方財務における公会計と、現在、自治体で進行している、企業会計化との関連とから、如何に実効性の高い、公会計を形成していくかが課題である。
　貸借対照表・連結決算書などは、財政破綻の予知指標としては、必ずしも不可欠ではない。いうなれば体力測定（財務諸表）と健康診断（個別財政指標）との差とよく似ている。心臓病・肺結核・肝臓病・自律神経失調症などを予知するのと、体力とは直接的に関係はない。むしろ個別診断指標の方が優れている。
　まず自治体に求められているのは、個別財政診断指標評価の感性を研くことである。第1に、経常収支比率であるが、問題は支出・収入の内容は、問わないこと、ストックの増減も問わないという欠点がある。
　連結決算方式でないので、実際の財政状況を、反映する指標ではない。しかし、人間の体温・体重のようなもので、まず財政悪化の症状は、経常収支にあらわれ、80％をこえれば、36度の体温をこえたといえる。
　第2に、公債比率であるが、交付税特例債のように補填財源があるものと、一般の地方債は区分され、係数処理がなされている。問題は資産など、返済能力の関係は、必ずしも十分に精査されていない。
　返済特定財源として、開発用地があげられていても、売却可能か、土地含み損を抱えているのではないか、すべての指標に共通することであるが、第2次査定、実質的な返済能力を的確に表す指標を、考案しなければならない。
　第3に、人件費比率は、当然、低いことがのぞましいが、民間委託をすすめると、人件費比率は下がる。一見すると、人件費指標は良好にみえるが、実際は物件費に転換しているだけであるので、単位当りサービスコストで、補完する必要がある。
　しかし、人件費比率が高いことは、サービスが充実しているより、民間委託がすすんでいないとか、職員定数管理が杜撰であるとの指標とみなされている。さらに職員数の類似団体比較、給与水準のラスパイレス指標での比較で、追跡調査をしなければならない[4]。
　第4に、地方債残高である。歳入として公債収入、歳出としての公債費は、

単年度であり、財政診断指標とは、なりえないので、公債残高を問題とすべきある。この公債関連指標として、公債費比率、起債制限比率、実質的公債費比率などが、算出されている。

　問題はいったい何％が、危険指標かであるが、実質的赤字は、財政規模で2.5～10％で、危険指標となり、財政健全化計画の自主的策定が要請される。このような財政診断指標の数値の決定は、必ず反論があり、絶対的な拘束力とか、妥当性をもつものでない。それは当該地方団体の特殊性があるからであるが、必ず補完指標で、補正しなければならない。

　第5に、積立金基金である。財政調整基金が代表的であるが、基金に対して認識は、全体的に低い。地方債を発行し、積極的財政を展開すると同時に、減債基金・財政調整基金を積み立て、財政基盤を強化する運営戦略を、採用しなければならない。

　戦略としては、補助率引上げ、起債充当率引上げ、普通財産売却、開発負担金収入など、あらゆる収入増加要素に対して、財政調整基金を積みまし、一般財源同等額は、積み立ておく必要がある。

　注目すべきは、「隠れ基金」ともいうべき、生活環境系などの外郭団体基金は、逆粉飾決算ともいうべき、黒字隠しで、行政の知恵として行われる。首長・議員・市民も、余剰財源があると、すぐ箱物建設・給与財源に、転用しようとするので、外郭団体の基金が、もっとも安全な財源留保の場所であるからである。

　財政運営における基金の重要性は、財政安定期に財源主義から、財政支出を抑制し、財政低迷期に財政不足を、補填する効果である。すなわち基金は財政抑制機能と、財源補填機能の2つの機能をもつ、自動安定装置（ビルドインタビライザー）である。

　第6に、公営企業繰出金である。財政悪化指標が、慢性化すると、自治体はその指標悪化を粉飾する性癖がある。公営企業への繰出金抑制、公社返還金の繰延べなどが行われる。

　公営企業赤字については、構造的赤字と経営的赤字を、区分して診断する

必要がある。公営企業赤字の経営的要因は、技能労務職給与水準で、自治体では一般職も、公営企業の技能労務職も、給与水準は、同一で処理されているが、むしろ民間賃金に連動すべきである。技能労務職給与水準は、民間比較では3～5割高水準の給与であり、そのため安価なサービス、供給量の増加を阻んでいる。

第7に、出資金・貸付金である。外郭団体への出資金・貸付金は、外郭団体の設立当初は、金額的にも少ないし、事業収支について、楽観的予測が支配し、それが危険な財政措置であることを、認識したがらない。しかし、実際は外郭団体の経営破綻が、財政危機の最大の要因であるが、建設施設型とサービス型に区分する必要がある。

第8に、一時借入金である。夕張市の財政操作で一気に有名となったが、20年以前に三重県上野市でも、借入金での粉飾決算で、財政破綻に見舞われている。財政診断で常にマークすべき項目である。

統計的には一時借入金利子額で、間接的に一時借入金額を把握することができる、夕張市では標準財政規模に対する、一時借入金利子は1.220%（平成16年度）で、全国平均は0.015であり、異常に高い数値である。

財政破綻予知は、財政診断指標で十分可能であるが、より説得性をもたせ、より正確性をもつには、企業会計諸表を作成することがのぞましい。

しかし、地方財務に企業会計を適用しても、それは借り物の会計であり、公会計はまだ独自の固有の理論をもっておらず、独自の会計方式を試行錯誤で、公会計化にふさわしい内容に改良しなければならない。

3　キーポイントは財政情報の公開である

財政健全化法で、たしかに中央統制は整備されたといえるが、自治体の財政運営は、市民統制がより、基本的統制であり、かつ不可欠なシステムである。

今日の地方財務会計をみると、個別指標すら十分に活用されていない。貸借対照表、ストック会計、行政コスト計算書などが作成されても、自治体に

よっては、勇気をもって、財政改革という、手術を断行しないのである。

要するに自治体が健康診断をうけて、食事制限の警告をうけても、一向に摂生しないようでは、健康診断の効果がない。財政診断も同様であり、診断指標にもとづいて、どう地方団体を動かすかが、ポイントである。

財政診断がどうして、重要視されないかは、第1に、政治的要素である。首長にとって、財政悪化を表面化することは、政治的に大きなダメージとなるので、極力発表を回避する。場合によっては、財政悪化の事実を隠蔽するとか、意図的な粉飾決算という、方法を選択する。このことは政権が交替すると、突如、財政情報が公開され、財政再建が策定されることによってもわかる。

第2に、地方財務制度の欠陥である。財政診断指標が、なんら実効的機能をもっていない。たとえば人件費比率、公債費比率が、危険水域に突入しても、議会・市民への説明責任もない。財政運営条例を制定して、財務諸表・財政指標との関連性をもたすべきである。

たとえば大都市は、軒並み実質的公債比率が、20％をこえている。実質的公債比率という、指標に問題があるが、それはそれとして、なぜ高いのかの説明義務はある。公営交通事業にしても、海面埋立事業にしても、市民・議会は、漠然たる不安を抱いているが、従来、行政当局は、公式に説明することはない。

議会説明でも、収支が均衡しているので、問題がないといった程度で、納得しているが、これでは議会は、事業収支の均衡が崩れ、あらためてその実態を知り慌てる。より綿密な財政診断を、議員が独自で平素から実施し、特定の機会に特定の指標でも、説明義務を行政当局に、積極的に要求すべきである。

外郭団体特別委員会などが、設置されていても、行政当局の説明をうけるだけで、議員自身が、外郭団体の経営状況を、調査・審査することは稀である。個別に分担を決めて、経営診断をなし、議会の独自性を発揮すべきである。

議員報酬は、基本的には給与である。原則は毎日、議会に出席し、事務事

業の会計診断をするべきで、委員会出席手当をもらって、行政監視をする程度で、今日の複雑化した行政活動を、コントロールできるはずがない。

　第3に、財政指標の分析・事業経営の実態も、公開の必要性がない。地方団体は貸借対照表を作成するが、それを当該団体の財政運営にどう活用するかは、あまり真剣に努力していない。また折角の財政診断指標を、議員・市民・マスコミなどに、わかりやすく周知・徹底する、姿勢が欠落している。

　財政指標が、有効に活用されるには、財政指標の的確性・適正性のみでなく、それが実際の行財政改革の指針となり、改革の牽引力となるには、なんらかの分析・解析にもとづく説明が必要である。現時点で自治体に求められるのは、会計システムの企業化よりも、財政診断指標の公開・分析・説明である。

　財政破産予防の第1の課題は、自治体が、地方財務状況を、可能最大限に公開することであり、ついで外部監査などの専門家診断がなされ、最後に市民グループとなる。問題は現在、市民グループによる、財政診断については、制度的にも財源的にも、なんらの措置がなされていない。

　第1に、財政状況の公表について、地方自治法第243条の3は義務づけているが、予算・決算・地方債などの現状の公表であって、財政白書のような説明・分析ではない。

　府県や大都市でも、『財政のあらまし』といった、数十頁の予算・決算説明ですませているが、内容は財政数値表であり、説明は数行である。会計監査法人に分析を依頼して、府県などは数百頁の財政白書の作成・公表を、義務付けるべきである。

　自治体が、財政白書を作成して、それに対応する形で、市民グループなどが、独自の財政診断をなす誘因をつくることである。要するに自治体の財政情報公開の怠慢が、市民統制を、拒絶している状況にある。

　財政診断の形骸化が、当該自治体の財政破綻を誘発している。慣例的に財政白書を作成していれば、いやでも財政破綻の指標は、外部に公表され、財政破綻の早期予知となるはずである。地方自治法第243条の3を改正し、よ

り具体的に財政状況の公表を義務づけることは、財政健全化法より、自治体財政健全化に不可欠である。

第2に、自治体の財政診断指標に対する、応答責任を義務づけるべきである。たとえば経常収支比率100％といっても、実際はそのような状況が、数年経過しても、当該地方団体が行財政改革を、実施しないケースも少ないない。

しかも政府・府県は、市町村の財政運営の怠慢に対して、勧告も指導もしない。個別の補助金・地方債の認証については、細部にまで干渉するが、肝心の財政指導については、自治への介入を口実にして、財政指導には乗り出さない。

この点、財政健全化法が、早期是正対応策として活用できるのは、一つの改善であるが、あくまで政府間関係の措置である。自治体において、予算・決算に対する、公聴会を開催し、市民への説明責任をはたすべきである。

第3に、情報公開の質・水準の問題がある。1つに、財政情報の共有であるが、財政当局の「決算書・予算書・財政のあらまし・主要事業概要」などがあるが、必ずしも十分でない。要するに官庁サイドの財政運営上から、作成されているので、情報の共有にはならない。

各市で、「行政コスト計算書」「バランスシート」などの総括表が、広報紙で公表され、解説は数行である。もっともインターネットで索引すると、より詳しいデータが入手できるが、会計処理データに過ぎない。これでは保育児童1人当りの、行政コストの官民比較にも、劣る効果しかない。

2つに、財政情報の対象であるが、基本的には一般市民である。したがって自治体広報紙で、概要だけ公表してすむ問題ではない。必ず当該情報に関する、解説資料を作成すべきである。

卑近な事例は、人件費に関する情報は、広報紙で公表されているが、平均給与水準を、職員平均年令で表示しているが、市民は判断もできない。国家公務員・民間企業・類似団体などの比較にもとづく、人件費白書を作成すべきである。

3つに、財政情報をだれが、作成するのかである。もちろん基礎データは、

行政当局が提供するが、情報に関する評価・解説は、市民オンブズマン、監査法人、内部監査委員などが、考えられるが、その費用をどうするかである。事務事業の委託と同様に、競争入札で決定するのか、外部監査と同様に会計事務所が、受託して制度的に作成するのかである。

4つに、財政情報活用の問題がある。予算・決算書、監査報告書などの、会計関係報告書は、いずれも面白くなく、読まれていない。どうしても法律・条例で、信頼できる機関、たとえば研究所・会計事務所などに、解説書を委託することを、義務付けるしかない。

第4に、財政情報の適用方式の問題がある。自治体の行財政改革は、減量経営（財源主義＝給与一律方式）から、施策経営（選択主義＝民間委託・臨時職員）へ、さらに政策経営（構造改革＝給与制度改革）へと、発展していく。

地方財務方式が、これらの改革の基礎データとなり、政策選択・施策選別の基準となるよう、様式を設定しなければならない。現在の公会計システムは、会計のための公会計であり、市民統制のためどのような会計がよいか、発想を逆転させる必要である。

財政破綻を防止するため、現行の地方自治制度は、外部・内部統制があり、さまざまの統制システムの包囲網が、張り巡らされいる。したがって首長・議会などが、自己統制機能を、発揮すればすみ、極論すれば監査などは、不必要である。しかし、多くの場合、自治体財政運営は、自己統制も外部統制も機能不全で、財政破綻に陥っている。

このことは財政指標分析・地方財政診断が、十分に行われても、自治体経営のシステムが、確立されていなければ、財政破綻は免れないことを立証している。まして巧妙な粉飾財務処理がなされれば、地方財政破綻の兆候は、地方財務の個別指標で、十分に事前に察知できない。

財政破綻の予知を、確実にするには、公会計の整備という、技術的な課題のみでなく、地方財政の運用もふくめて、何のために公会計を整備し、何をめざすのかを明確にし、首長・議員などの洗脳をうながす、効能をもつ公会計でなければならない。

(1) 片山・前掲論文 17 頁。
(2) この点について「本来なら、このストック指標である第 4 指標こそが、現代的な財政危機の早期警戒のシグナルになるはずであった。ところが、……バランスシート不在の、公会計改革を置きさりにした法律だったため、その弱点がでいる……総務省もこの指標で財政再生団体を指定することに躊躇した」(「地方財務」編集局編『自治体財政健全化法のしくみ』50 頁) といわれている。このように財政判断指標の不確定性から、将来負担比率の早期警戒機能の適用を断念しているのは、当然である。しかし、地方財務システムが、ストック会計にもとづく財政診断指標として、不完全であることが露呈したといえる。要するにストック会計にもとづく、財政診断指標判断が正確にできないことは、財政診断にもとづく指導としては、画龍点睛を欠くといえる。もっとも公会計化が遅れているので、財政診断指標としては、当分、試行錯誤の手探りでいくしかないであろう。
(3) 総務省の調査では、土地開発公社の保有地 (平成 18 年度末) のうち 5 年以上保有分が 4 分の 3、3 兆 4,450 億円に達し、うち 7 割強にあたる 2 兆 4,754 億円が 10 年以上保有分である。もっとも公社保有土地は 10 年連続で減少しているが、4 兆 5,296 億円で、前年度比 11.6% 減である。これら土地は、取得価格を大幅に下回っており、時価方式では巨額の損失が一気に計上されることになる。
(4) 自治体人件費については、高寄昇三『自治体人件費の解剖』(公人の友社、平成 15 年) 参照。

II　財政運営責任と自治体改革

1　財政運営責任は追求できるか

　自治体が、財政診断指標を算出しても、それだけで財政破綻が予防できない。自治体の放漫・違法な財政運営に対して、責任システムが稼働しなければならない。

　第1の課題が、財政運営における、責任追求である。多くの首長が、財政を破綻させておきながら、巨額の退職金・名誉のもとに、退職している。首長らの行政責任のみでなく、政治的にも批判の対象にもならない。

　首長の退職後、粉飾決算が露呈し、累積赤字が噴出し、以後、当該自治体は、長期に債務返済の後遺症に喘ぐ、悲惨な状況がつづく。夕張・篠山市だけでなく、多くの自治体でみられる、日常的光景である。

　従来の行政学の責任は、「任務責任」「服従責任」「弁明責任」「受裁責任」などが、あげられているが、行政内部の上司・部下の関係における責任である。対外的自律的責任として、いわゆるaccountabilty、responsibility とわれる、制度的・非制度的責任、内在的・外在的責任であるが、財政運営において、具体的な責任は論究されていない。

　責任を類型化（表14参照）してみると、第1に、管理・司法的責任である。不正・違法行為責任で、収入役が首長の印鑑を無断使用して、借入金を横領する行為などである。さらに談合入札とか、用地購入・公費貸付金といった、違法な個別支出について、これら行為に関与した、関係者を処罰する、司法的システムは整備されている。

　第2に、経営・事業責任である。事業決定における、重大な過失・不当行

表14　財政運営における行政責任システム

区　　分	内　　容
行政管理責任（司法責任） 行政経営責任（行政責任） 行政政策責任（政治責任）	違法行為＝違法経理（公金横領）・背任行為（行政不良資産購入） 不当行為＝過剰融資・過剰投資・過剰利得（一時借入金、開発デベロパー、組合不当利得） 錯誤行為＝経営判断ミス、財政再建のミス、政策選択のミス

為については、責任追求をするシステムである。現行制度では、住民訴訟で、首長の責任追求がなされ、京都市のぽんぽん山事件、下関市の日韓高速艇事件では、議会議決に関係なく、実質的に財政に損害を与えたとして、市長責任が認められ、損害賠償を求められている[1]。

　しかし、多くの不当行為、たとえば土地開発公社でも、利用価値のない土地購入などは不問にされている。工場団地・地下鉄・再開発ビルなどの、施策決定のミス、補助金・貸付金融資などの不正給付についても、責任の所在が不明確であり、責任追求が難しい。

　しかし、事務事業の決定を文書化し、責任の所在を、はっきりさせていけば、自治体の財政的損失をもたらした事案では、背任罪で追求することはできる。

　さらに事業決定過程において、適正な決定を妨害する行為についても、地方公務員法違反として、行政責任を追求すべきである。地方公務員法第27条は、法令違反、職務義務違反・職務怠慢について、懲戒を規定している。

　たとえば事業収支見込みについて、虚偽の経営収支結果を提示し、議会をだまして、外郭団体補助を決定すること、地下鉄の乗客予測を、過大算定し、事業認可を獲得したことなど、詐術に満ちた公文書作成は、責任追求を免れないであろう。

　最近、発覚した大阪府の「赤字隠し」(3,500億円) の会計操作は、府知事・総務部長など、関係者の責任が、有耶無耶にされてはならない。夕張市の一時借入金は、議会の議決があっても、実質的には違法行為と断定すべきである。

　第3に、政策・運営責任である。公営企業・外郭団体のみでなく、一般会

計においても、ムダの制度化があり、外部の指摘・内部の告発があったが、何らの改善措置をしなかった、不作為の責任である。

夕張市・篠山市の財政再生計画をみても、前市長が、10年間も健全化計画をつくらなかったことが、財政破綻の原因である。このような不作為の責任追求がなければ、自治体運営は、破綻予防は期し得ない。

責任追求システムが、自治体において定着しない限り、同じ不当・違法、そして誤謬の政策選択における、事業損失が再現されるであろう。ただ司法的責任追求は困難であっても、財政的政治的責任の追求は可能となる。

財政診断指標の公開制度が、確立されていけば、財政危機の病状を市民に告知し、政治的に首長を早期に退職に追込み、早期治療ができる。地方自治法に関係なく、自治体自身が、財政運営適正化条例を制定して、財政運営処理の基準を設定しいけば、法令違反として脱法的財務処理の責任追求はできる。

2　自己・市民統制システムを再編成する

第2の課題が、自治体の自己統制システムの構築である。財政破産と原因が、はっきりし、責任者が特定できても、多くの場合、現職を退いており、責任追求はできない。何より予防・予知機能を、如何に発揮するかである。

第1に、首長の政治・行政責任である。財政運営について健全な感覚をもった、首長を市民が選挙することである。しかし、多くの場合、経歴・職業・知名度などで選出され、行財政管理能力・政策形成能力は、未知数のままである。

首長の能力に関係なく、財政運営の適正化を遵守させる、政治システムが、ローカル・マニフェストである。財源問題を捨象すれば、候補者はマニフェストを、美辞麗句で飾り、選挙民を騙すことができる。ローカル・マニフェストそのものの、信憑性を担保するには、財政計画にもとづく、財源捻出・配分を明記させることである。

もし財政計画が、策定されていないか、曖昧であると、選挙に勝ち、首長

になってローカル・マニフェストを、実現しようとすると、必ず積極的財政となり、基金の取崩し、過大な地方債発行、さらには粉飾計算などを、行なう羽目になる。

　しかも積極的財政運営は、在任中はその無謀な公共投資の弊害が、顕在化しない。大型プロジェクトとなると、20〜50年後に過剰投資のツケが回ってきて、はじめて政策選択のミスがわかる。

　このような悲劇を避けるには、当選後も、財政計画・予算決算・事務事業の行政評価、予算収支の財政分析を実施し、ストック財政の点から、チェックする必要がある。民間企業では、株式上場、社債公募の関係から、毎年、法的に外部監査がなされている。平素からの健康診断として、外部監査を法制化し、財政白書などの作成・公表を条例化すべきである。

　第2に、地方議会の改革である。改革の核心は、議会のチェック機能を、高めることである。議会は、「多数の議員で構成される議会には、首長の財政運営を厳しくチエックし、財政の持続可能性を担保する役割が期待されている」[2]ことを忘れている。

　もし議会機能が、正常に機能していれば、政府の安易な起債施策に追随する首長の方針は、「議会で馬脚を現していたに違いない[3]」のである。しかし、議会は政府・府県などの、地方債許可団体のチエック機能を信頼し、地方債発行に同意してきた。

　実際は首長の暴走を、食い止める議会が、首長より財政膨張主義である。地方議会議員の洗脳が、先決課題となる。解決方法は、まず議員も首長・職員と同様に、その職務に関する責務の創設である。当初から無謀な開発プロジェクトについて、安易に事業決定について、主導的役割を果たした議員は、議決について責任を問われなければならない。

　極論すれば、現在、個別議員には責務らしいものはない。基本的責務として、当該年度の自治体の予算・決算、大型プロジェクトの事業決定、外郭団体の経営などについて、意見・報告書、事業選択に関する、費用効果分析書を提出させることである。

余談になるが、明治の地方議員は、自費で事業建設をめぐって、費用効果報告書を発表し、論争を展開した。まして今日では、議員は潤沢な調査費が、支給されている身分であり、せめて行政調査結果を報告させる、義務を課せるべきである。
　住民訴訟で首長・職員が敗訴した場合、賛成議員も応分の責任負担する、緊張感のあるシステムにしなければならない。
　なお多くの住民訴訟では、議会の議決があっても、首長は敗訴しており、議決がいかにいい加減であるかを立証している。要するに首長は、議会の議決を信じたため、責任が軽減されることも、正当性が担保されるものでなかった。
　あと１つの政治的解決方法は、既存の政党に属さない市民派議員、また中央政党ではない、納税者政党の代表を、地方議会に送りこむしかない。イギリスの地方議会のように、納税者連合党・独立党などを結成し、市民派が議会において発言力を強化することである[4]。
　第３に、自治体官僚（副知事・副市町村長、幹部職員）の自覚である。首長の暴走を諫める責務があり、猫の首に鈴を付ける、勇気が求められる。しかし、このような自己犠牲は、議員の洗脳より困難である。それは官僚は、財政危機の実態を、知り尽くしておりながら、行動を起こさない、確信犯であるからである。
　結局は政策・施策決定過程を、文書化して、決定責任の所在・分担を明確にして、重大かつ明白な過失、詐術による施策誘導による損失については、個別職員の責任を追求するシステムを、形成していくしか方法はない。
　議員の口利き防止と同様に、職員責任が明確化されれば、職員も虚偽の文書作成を拒否する状況ができる。ことに開発プロジェクトなどの決定過程における、費用効果分析とか事業評価論争などの、文書化・公開化である。これは行政組織・風土の改造という、息の長い作業となる。
　即応的対応として、内部告発システムがある。職員は首長・上司に責任を負うているのでなく、市民に対して責務があり、内部告発は、全体の奉仕者

としての、崇高な責務の履行である。

　しかし、政策決定システムを、科学化・民主化していけば、職員の勇気ある行為がなくても、首長の暴走阻止は可能となる。すなわち自治体の政策形成システムの改革、情報公開・住民投票などの、自動安定装置（ビルトインスタビライザー）を、組み込んでいけば、事業決定の適正化に寄与する。

　第4に、圧力団体利権行為の淘汰である。議会が最大の圧力団体であるが、近年、口利き防止条例などで、議会の行政への利権的介入は、困難となりつつある。

　ついで労働組合であるが、組合の要求の多くは、市民的合理性が欠落したものである。自治体の行財政改革といっても、民間企業のように生首が、飛ぶことはまずない。整理退職といいても、退職金上乗せの勧奨退職である。

　夕張市の大幅給与削減は、例外中の例外であり、民間企業では倒産しており、全員が失業である。ただ破産の原因をつくった、首長・先輩職員は、規定どうりの退職金をもらて、退職ずみである。

　まったく責任のない現職職員が、行財政改革という名の、減量経営で犠牲になるのは、不合理極まりないが、日本の社会では罷り通っている、悪しき風習である。この不合理をなくす手段はないが、健全化計画を一日でも、早く策定・実施することしかない。

　そのためには、労働組合も要求貫徹だけでなく、自己犠牲をはらっても、財政破綻の事前予防に、神経をつかうべきである。最近は従来、密室で行われてきた、組合交渉を公開し、組合の不合理な要求を淘汰していく、システムが定着しつつある。

　第3の課題が、市民統制のシステム化・制度化である。第1に、地方自治法の市民統制のシステムは、かなり整備されている。現在、市民オンブズマンなどの、いわば市民の献身的犠牲で、監査請求・住民訴訟などが展開されている。よりシステム・制度化され、より有効な市民統制となるためには、どうすればよいかである。

　市民統制として、市民オンブズマンが、少々の不正・不当支出を実施して

も、自治体内部機関の財政健全化への意欲は、なかなか活性化せず、多くは脳停止状況のままである。

　第2に、市民オンブズマンの役割は、大きいが、現在では不正・不当支出に対する、摘発が主流であって、自治体の事業決定・財政運営についての、追求は制度的整備がなされていない。

　市民オンブズマンが、事業の費用効果を評価し、財政診断指標を分析して、マクロとしての自治体経営について、責任追求をしていくことである。ただ公費で補助を支出することはできないので、結局はボランティア活動に、期待せざるをえないので限界がある。

　市民オンブズマンのような、インフォーマル外部統制機能が活性化されれば、マスコミなどの自治体財政運営への調査も活発となり、自治体財政運営適正化への大きなインセンティブとなる。

　結果として実際は内部統制も、形式的監査を脱皮する契機となる。具体的は外部機関（弁護士・公認会計士など）に、総合的財政診断の作成を委託する、システムを定着させることである。

　第3に、アメリカ式の住民投票制の導入である。原子力発電所建設・市町村合併について適用されている。本来、住民生活に重大な影響をもたらす、開発プロジェクト・地方債発行・地方税率引上げなどは、住民投票にかけるべきである。

　直接的民主主義は、万能でないとの拒否反応があるが、市民投票は誤りがあるが、行政当局の誤りより、はるかに少ないはずである。中央省庁の許認可のように、利権への邪心がない。市民統制は、その過程で、当該案件に対する情報公開・市民討議がなされ、事務事業の評価にもとづく、適正な政策決定がなされる[4]。

3　財政運営の科学化・民主化のすすめ

　第4の課題が、自治体の財政運営における近代化である。自己統制として

の、自治体自体の独立性であり、科学化・民主化である。地方自治体は、独立の団体であることを強調するが、政府の開発誘導・財源主義に煽られて、財政を膨張させ、自ら財政危機に陥っている。

　自治体は、自律的な財政運営を心がけ、民主化・科学化をすすめ、自己統治能力を高め、システムを構築しなければならない。自治体運営の政策化については、第1に、自治体経営の科学化である。まず自治体サイドの財政資料の公開・提供が不可欠の前提条件となる。

　1つに、科学化は、会計方式改革（ストック会計・連結決算）であり、2つは、行政評価（費用効果分析）である。全体評価のみでなく、重要施策については、個別評価として行政評価・費用効果分析が必要である。3つに、財政計画の採用である。財政危機に直面して、財政計画が策定されるが、制度・システムとして、毎年、中・長期財政計画を策定すべきである。

　最終的には政策・施策の決定システムの最適化である。行政評価方式は、事前評価・事業実施・事業評価・事業再編成という、施策をサイクルシステムで分析する方式である。

　ただ行政評価が、有効に機能しないのは、運営システムの欠陥である。事業決定においては、事前に事業評価をして、市民・議会・委員会に報告し、事業の是非を審査してもらうことである。巨大プロジェクトについては、住民投票の適用である。

　第2に、自治体経営の民主化である。情報公開と住民投票が、主要なる手段である。さらに個別の事務事業運営における、市民参加である。自治体自身も口では、市民参加を提唱しているが、予算・事業の決定において、市民参加が正当に評価され、位置付けられているか、疑問である。

　1つに、地方財政運営について、制度には本来、住民投票で超過課税・地方債発行などは、市民投票にかけるのが、住民自治の原則である。現在の地方財政制度が、超過課税・地方債発行について、政府の認可権をよるとしているのは、本末転倒の制度である。

　たとえば重要な財政支出について、住民投票に付し、サービスと負担が連

動するシステムとなっておれば、財政危機などは例外的事例となる。たとえば当該地方団体の予算額に匹敵するような、開発事業・施設建設が、首長・議会との談合のような、合意形成で決まり、事業化されている。

　しかもその事業の経営収支・費用効果について、何ら知らされないまま、突然、膨大な赤字が発生し、財政破綻・危機に見舞われている。このような経営破綻が、日常茶飯事として起こっているのは、まさに異常事態であり、地方自治の崩壊なのである。

　自治体は、地方自治法に関係なく、行政当局が、租税負担増加、大型プロジェクトについては、少なくとも住民アンケート方式で、住民の合意を求め、事業の費用効果を、情報公開する制度とすべきである。

　2つに、市民参加については、予算・事業決定過程の透明化、関連情報の公開・共有化、これら財政運営における、市民参加の条例化が、求められる。自治体は、経費削減とか、使用料引上げなどの際に、委員会方式で市民参加を求めるが、行政当局が公共投資をする際の決定には、市民参加を求めない。

　事業の財政破綻が、決定的となり、経営再建の後始末を市民に押しつけるのは、行政当局の積弊である。当初から財政情報を公開し、市民参加を求めるのが筋である。

　地方行政において、総合開発計画などで、市民参加が普及しているが、もっとも根幹的な市民参加は、地方財政における負担・支出に関する参加である。理論的制度的にも、市民は主権者であり、それは納税者として租税法律主義にもとづいて、負担について市民の合意が不可欠である。そして違法・不当の支出について、その責任を追求する、権利を納税者が、保有していなければならない。

　第3に、自治体の政策施策の、実行力の向上である。表現をかえれば、政策実施能力の強化である。思想（公共信託論）、行動（自治体改革運動）、技術（情報公開・行政評価）をともなった、自己変革力である。

　自治体が、市民の生活・健康を信託された、独立の権限をゆうする自治団体である、責任を自覚しなければ、財政診断も空転し、ムダの制度化に過ぎ

ない。議員・職員も平素から、市民的合理性をもって行動し、行財政運営の技術を向上させる、努力を惜しむべきでない。

地方財政財政診断指標は、このような自治体改革の起爆剤となりうる、効果が期待されている。改革への構図は、自治体が行政目標の実現にむかって、如何に内外の改革阻止勢力、いいかえれば既得権集団の妨害を排除しなけがら、目標に一歩でもちかづくかである。

首長のリーダシップ、議会の監視機能が、多くの場合、機能しないので、外部統制として中央統制、市民統制などの外部統制の出番となる。しかし、中央統制は、多くの場合、事後的制裁であり、費用効果分析・情報公開・住民投票といった、市民統制システムが、既得権益に固執する勢力を、事前に排除するもっとも有効なシステムである。

直接民主主義方式で、万事解決するとの考えは、余りのも安易な発想との批判がたえないが、市民統制・住民投票への誤解である。これら方式の導入過程で、情報公開がなされ、費用効果が論争されという、システムであり、政府監督・地方議会のいずれでも、その保障はないのである。

多くの自治体で、開発プロジェクトを、強引に首長・議会が決定し、政府・府県が、財政的に支援して事業化したきたが、事業破綻の屍は、累々と山をなしている。一方で、自治体の予算査定をみると、100億円の開発事業赤字をたれ流しながら、1万円単位の生活補助金見直しで、喧々諤々の論争を展開しているが、漫画的な光景である。

自治体は、政策ミスによる、悲惨的な財政破綻は、そろそろ卒業すべきである。近年、地方自治体は、ミクロの減量経営に精力を注入しているが、マクロとしての財政経営を、如何に適正になすかに、もっと精魂を傾けるべきである。財政破産してから、いかに減量経営で頑張っても、後の祭りである。

財政情報を公開し、自治体の政策実践能力を涵養し、施策選択の最適化を、図っていけば、財源が縮小しても、住民ニーズの充足度はあげられる。当該自治体の財政運営の舵取りを、実務を離れて、冷静に分析する余裕が必要で、財源主義は結局は、財源のムダな支出となるだけである。

(1)　事業支出に関する責任としては、「秋田県木造住宅株式会社」(秋田県25%出資)が、平成10年134億円の負債をかかえ、破産法にもとづいて清算されたが、秋田県知事など県首脳陣は、だれも責任をとらなかった。破産が確実な会社に追加融資をして、損失を膨らませた行為は、民間企業経営における「経営判断の原則」からみて問題である。また平成10年6月9日の「日韓高速株式会社補助金給付違法」事件は、経営的に破綻した企業に補助金を支給するのは、違法として市長個人に8億4,500万円の損害賠償を命じている。高寄昇三『新地方自治の経営』(学陽書房、平成16年) 181〜185頁参照。

(2)・(3)　片山・前掲論文15頁。

(4)　市民参加の効用・論争については、高寄昇三『市民自治と直接民主制』(公人の友社、平成8年) 参照。

Ⅲ　財政健全化と地方財政改革

1　交付税補助金が経営マインドをスポイルする

　地方自治体が、財政破綻を回避するには、現在の地方財政制度の運用メカニズムが、自治体の経営意欲を、マヒさせている機能を、排除しなければならない。政府は地方財政運用をつうじて、財政破綻団体を増殖させていることを、自覚していない。

　戦後、地方財政運営をみても、中央省庁による事業許認可と財源付与がベースであり、自治体が行財政自主権を発揮して、卓抜した都市経営・地域施策を展開する、政策的支援はほとんどみられない。地方財政健全化法をはじめとして、多くの地方自治関連法は、自治体・団体・市民が、主導性を発揮して、健全財政を遂行する、システムになっていない[1]。

　第１に、政府による、不用意な地方財政膨張措置の注入である。地方財政健全化法について、「今次の地方財政の全般的破綻については政府および自治体の双方に責任があったにもかかわらず、法案ではまるで政府には一切責任がなかったかの如く、一方的に政府が自治体を規制する内容になっている点である[2]」と、批判されている。

　政府の行為を規制しなければ、「将来国をあげて景気対策が必要となったときなどに、またそぞろ政府のご都合主義によって自治体が振り回される事態が予想されるから[3]」といわれている。いわゆる利益誘導型の中央統制である。

　地方財政法第２条２項は、「地方財政運営の基本」として、「国は、地方財政の自主的な且つ健全な運営を助長することに努め、いやしくもその自律性をそこない、又は地方公共団体に負担を転嫁するような施策を行ってはなら

ない」と、規定している。

　しかし、政府は、地方財政への財源付与措置がもたらす、地方財政運営への撹乱機能について、不感症である。したがって健全化法も、政府サイドからの、補助金・交付税・地方債の特例措置によって、いたずらに地方財政の膨張をさせてはならい、規制規定を盛り込むべきである。

　第2に、政府は許認可権を、適正に行使していない。総務省は、地方財源確保において、努力の跡がみられるが、財政運営については、許認可権という、規制行政がベースという、致命的欠陥があった。

　たとえば地方債の発行について、政府は地方債許可権限（協議システム）をもって、地方債の膨大な発行を容認している。地方債許可制は、認可をつうじて、地方財政肥大化への免罪符を付与している。交付税における、建設債補填方式、補助金による地域特例措置などが、相乗効果をともなって、地方財政を肥満児化させていった。

　夕張市財政は、財政力をこえて肥大化し、補填措置がなくなると、早晩、財源枯渇で餓死する運命にあった。政府の地方財政に対する施策は、財源付与・削減という、財源操作をベースとする、視野狭窄症に陥り、地方財政運営の適正化という、視点が欠落している[4]。

　第3に、地方財政における政府間関係は、戦後、見直されることなく、中央統制のみが強化され、幾度かの財政運営の破綻を、引き起こしている。夕張・篠山市の財政破産は、中央統制方式の弊害を、露呈したといえる。戦後地方自治の総決算として、国・地方の財源配分ではなく、地方財政運営システムの再編成を、遂行すべき転機を迎えている。

　地方財政法は、政府機関への自治体の寄付金を禁じているが、自治体の財政運営適正化の原則はみられない。第1条は、「国の財政と地方財政との関係等に関する基本原則を定め、もって地方財政の健全性を確保し」と規定されている。

　あくまでも国・地方の政府間財政関係を、政府サイドから規制した法律であり、地方財政運用が、市民の負担で運用され、市民の監視のもとに運用さ

れるべき、財政であることには無視されている。

　その意味では、財政健全化法は、はじめての自治体経営の適正化法であるが、基本的には規制行政の域をでていない。政府は自治体の財政運営における、情報公開にもとづく市民統制を培養していくような、システムへの転換を図っていく転機にある。

　制度的には、課税自主権・地方債自由権・包括交付税化という、自治体の財政運営自主権の復権である。すなわち政府が、地方財政を財源で操作しようとするかぎり、自治体の経営マインドは、成長することなく、財源を付与しても、削減しても、自治体の慢性的財源依存症からの、脱皮はできず、早晩、財政危機を迎えるメカニズムが作用する。

　地方交付税については、その財源保障・財政調整機能が低下し、地方交付税は完全にいきづまった。さらに交付税の補助金化によって、地方交付税は、制度の目的を逸脱し、堕落していった。

　第1に、地方交付税の財源保障機能は、昭和50年度の2兆円の財源不足が発生し、完全に機能不全に陥った。政府は周知のように制度の改正でなく、建設公債の発行、元利償還財源の交付税算入という、姑息な対応で事態を処理した[5]。

　交付税は、地方財政の財源保障システムであるが、マクロの財源不足を、個別自治体の地方債で賄っていく方式は、どうみても正常な財源保障とはいえない。ミクロでは近年のように交付税算定基準を、政府の意図で急に変更され、小規模団体が、大打撃をうけるようでは、交付税に財源保障機能は期待できない。

　交付税はもともと、政府の財源ではなく、地方税の一部を国税化したので、本来は地方自治体の共同財源であり、政府の思惑だけで、勝手に変更すべきでない。

　第2に、建設地方債交付税補填方式は、従来の地域開発関連における、補助率引上げ・起債充当率引上げ、建設事業費の財政需要額算入といった、優遇措置と同類にみなされない。自治体として本来、一般の地方交付税で、措

置される財源が、地方債の元利償還方式という、延べ払い方式という、怪しげで不安定な措置に変質した。

すなわち自治体は、止むに已まれず、建設事業を起こしたので、その結果、財政悪化となったのは、政府が、制度的に財政破綻を、演出したといわれても、弁明の余地はないであろう。

第3に、交付税の財政調整機能も、崩壊していった。交付税の性格は、地方財政の一般財源であり、本来、使途を限定しない、包括交付税で基礎的財政需要を、優先的に充足する、制度運用でなければならない。

しかし、近年、交付税の補助金化がすすみ、基礎的需要より地域的開発需要を、優先していき、交付税制度本来の趣旨を、政府自らが逸脱していった。「ふるさと創世」資金など、地域振興費目を設定して、交付税財源を傾斜配分していったが、これでは財源がいくらあっても、交付税会計は破産してしまう。しかも本来の財源保障措置とはいえない。なぜなら健全財政を遵守し、安易な地域開発事業を忌み嫌った町村は、交付税額が少ないという、不合理な配分となっている。

第4に、交付税の補助金化のみでなく、地方債も動員して、交付税の特定財源化を深めていった。さらに地方税・補助金・地方債・交付税が、連携して四位一体で、地方自治体を、国策追随へと誘導していった。

これらの措置は、地方財政への財政支援、政府施策の地方振興を、大義名分としているが、多くの場合、地方財政の肥大化をもたらしている。ことに公共投資・地域振興関連の措置は、無理な事業化を、自治体に奨励し、結果として財政破綻を引き起こしている。

第5に、交付税は、これら補助金化以外に、算定方式が難解であり、その透明化・簡素化が求められてきた。政府は平成19年3月2日に、新型交付税（包括算定方式）の導入を決定した。人口規模と土地利用形態を、算定基準として配分で、総額5兆円で、交付税の3分の1程度である。

この方式の導入で、交付税の簡素化は、ある程度はすすむが、交付税の補助金化が、解消されたのではない。平成20年度の交付税では「地方再生対策

費」4,000億円程度を創設した。財源は東京都などからの法人事業税移譲でまかなうが、交付税の補助金化にはかわりはない。基準財政需要に算入すべき財源である。

交付税は、人口と担税力の逆数という、昭和15年の配付税の原点に回帰し、2つの指標で配分されるべきであり、そのため発生する、地域財政需要とのギャップは、特別交付税を1割にして対応すべきである。

交付税は配分基準をどのように、複雑・精密化しても、実際の財政需要とのギャップは発生する。それならば人口・担税力などの単純な、指標のみで算出すべきである。また交付税をめぐる問題も、戦後の地方財政委員会方式を、復活させて、その配分方式の合理化と公開化を、回復すべきである。

2　地方債許可制廃止が自己責任を育む

補助金の弊害については、すでに一般的に周知されているので省略し、地方債についてみると、地方債許可制(協議制)は、廃止すべきである[6]。それは地方債許可制が、地方財政の破綻を招いている、逆説が成立するからで、地方債自由化で経営マインドを育成するべきである。

すなわち地方債の規制は、住民投票という公共メカニズムと、発行自由化という市場メカニズムで、実効性のある、システムへと変革すべきである。資金統制的規制行政は、金融自由化の今日、時代錯誤の遺物である。

第1に、地方債許可制は、地方資金を保障していない。地方債の許可制によっても、地方自治体の資金統制に成功していない。高度成長期の「ヤミ起債」方式、「外郭団体」方式という迂回方式で、自治体は地方債規制網を、くぐり抜けている。

「ヤミ起債」については、高度成長期、自治体は公共用地の先行取得資金に困り、外郭団体によって、資金調達をして、安価な用地取得に貢献した。そのため政府は、金融の緩和した、昭和48年にやっと、土地開発公社を認め、だぶついた資金を公社に融資した。しかし、当時、日本列島改造の影響

で、地価はピークであり、結果として地方団体は、高値の土地を、つかまされる羽目になった。

もっとも賢明な自治体は、バブル経済の地価暴騰期に、公社用地を売り抜け、被害を最小限度にくいとどめた。しかし、政府はおなじ誤りを、平成不況期に、地方単独公共投資を奨励し、土地開発公社の用地取得を奨励し、膨大な塩漬け用地、すなわち不良資産を生み出す原因をつくった。

さらに昭和50年、政府が大量の国債発行に踏み切ると、郵便貯金が原資である、預金部資金は、地方債資金構成比で、昭和49年度61.1％から51年度には31.4％に激減し、地方資金の縁故債比率は、49年度30.7％から、51年度56.7％に激増した。要するに地方債許可制によって、地方債資金は翻弄されてきた。

第2に、地方債許可制が、地方財政運営を歪めている、事実を認識すべきである。地方自治体に財政自主権を付与しないことは、結果として自治体の財政運営を向上させず、半永久的に準禁治産者的状況に、おくことになっている。

たとえば地方債制度は、地方分権一括法で、許可制から協議制に改革されたが、実質的には許可機能が稼働している。なぜなら政府の意向を無視して、地方債を発行することは、財源対策債・交付税補填債・政府資金債の発行などで、当該自治体が不利益な処分を覚悟しなければならない。

政府は地方財政運営健全化のため、地方資金を統制し、さらに地方債をつうじて、補助金・交付税と同様に、地方財政を誘導し、健全化へのインセンティブを与える機能が、必要と考えている[7]。

このような許可・協議制は、地方自治体の財政運営における、経営マインドを麻痺させるという、致命的欠陥がある。協議制であっても、一定限度額については、発行自由として、限度をこえる分のみについて、報告・協議するシステムで十分である。

第3に、地方債許可制によって、地方財政運営の健全化を、図っていくといわれている。平成18年度から財政悪化団体に対する、許可制度が導入され

ており、地方財政健全化法といっても、中央統制の布石であり、地方債許可制の完全復活を狙う、政府の意図がみえみえである。

　問題は、一部の地方債には、預金部資金（郵便貯金）、公営企業公庫資金などの政府資金が、充当されている。したがって地方債はその限りでは、資金担当政府金融機関の融資認可を受けなければならないが、このことは民間資金でも同様で、資金担当機関でもない、総務省が、すべての地方債について、協議を受ける制度はおかしいのである。

　また地方債は、許可制度とからめて、個別事業に対して地方債充当率を決定されている。この充当率は許可制があるから、拘束力が発生する。さらに地方債の元利償還金について、利子補給・交付税算入などの優遇措置があり、この点でも許可債でなければ、財政支援措置を受けられない。要するに協議制は、さまざまの措置で、形骸化され実質許可制と化している。

　しかし、このような完璧といえる、地方債許可制にもとづく、地方資金の統制にも、地方団体の無許可債（いわゆるヤミ起債）、一時借入金によって、大きく抜け道がある。また自治体の資金調達において、低利の政府資金供給は少なく、また適正資金への抑制も、政府みずからが、地域振興の名目で、過剰な資金を注入している。

　アメリカのように一定金額以上の事業・地方債発行は、住民投票に付するべきである。人口２・３万人の町村で、100億円以上の施設建設・資金調達を、首長・議会だけで決定してよいのかである。失敗すればたちまち住民生活を直撃する。住民という真の利害関係者（ステイクホールダース）の除外は、民主主義ルール違反である。今日の状況をみても市民統制の効果は、幾重にも張りめぐらされた中央統制網より、実効性があり、自治体財政健全化のインセンティブとして機能している。

　要するに地方債許可（協議制）は、百害あって、一利なしといえる。中央統制の規制措置は、実際は実効性がないので、地方債の住民投票制という、市民統制へのコペルニスク的転換が、求められているのである。

3　債権放棄の破産システムを構築する

　自治体が健全化財政を、維持していくには、自治体財政破綻における、財政再建の方式は、民事再生法と同様に、債権放棄の方式を導入すべきである。そのため地方債金利が上昇しても、自治体は財政運営健全化への、コストとして負担すべきである。

　地方六団体の「新地方分権構想検討委員会」の中間報告（平成19年5月）は、「貸し手責任は問わず、債務は完全に履行する。ただし、工業用地造成事業債等、その集積財源を特定の事業収入のみとすべき地方債については、事業のはたん処理にあった債権のカット等を行い、貸し手にも責任を負わせる仕組みを検討する」と報告している。

　対民間金融機関との関係で、地方債許可制のもとでは、地方団体の過剰な地方債発行も資金導入も、「暗黙の政府補償」があり、「自治体にはデフォルト」はないと信じられてきた。結果として、政府資金はもちろん民間資金の導入を保証し、金利の上昇を抑制する効果を果たしていると、その効果が評価されている[8]。

　しかし、このような焦げ付きのない、資金システムは、資本主義社会では、実は公経済でも、アブノーマルなシステムであり、変革されなければならない。

　第1に、地方債許可制度は、政府の地方資金護送船団方式のもとで、地方団体は多少は低金利の資金調達に、成功したかも知れないが、その代償は、行財政改革の放棄・怠慢・遅延という、測りしれない損失を支払わされている[9]。

　第2に、夕張市の一時借入金問題は、夕張市の脱法的行為が問題でなく、金融機関の杜撰な資金提供、そして元利償還が、担保されているという、不合理な実態である。

　金融機関も、夕張市の財政状況が、破綻寸前であることは、知っていたはずであり、「にもかかわらず、ずるずるといわれるままに違法な一時借入金

を供給し続け、結果として市の粉飾決算に手を貸してきた銀行の責任は厳しく問われなければならない[10]」といわれている。この点は、高知県土佐山村の貸付金についても、問題となった。

　第3に、近年、地方債について市場メカニズムの導入によって、地方団体の財政状況の相違で、地方債の金利差を発生させる、市場からの警告機能が評価されている。要するに財政悪化が、資金コストの上昇をもたらすことで、自治体の自主的改革を促す、外圧としての機能を、評価すべきとの見解が浸透しつつあり、基本的には賛成できる。

　しかし、一般会計の地方債が、当該、自治体の財政状況で、金利差を発生させるというのは、金融機関を利するだけである。なぜなら現在の地方財政運営では、貸付金・地方債は、当該自治体が財政破綻しても、実際は全額保証される、財政風土になっているからである。

　自治体も破産（デフォルト）と、無縁でないとの意見もあるが、実際は起こりえないのである。それは歳出さえ抑制すれば、歳入は保証されている、公共経済の特殊な経済システムにあるから、自治体は破産のしようがないのである。

　もっともアメリカ自治体のように、資金運用でのデリバティブの失敗という、投機的運用で、予想外の損失が、突発的に発生すれば、日本でも自治体デフォルトは発生するであろうが、まずない。

　自治体債務のカットについて、外郭団体債務で、自治体が債務保証・損失補償契約をしていない場合、金融機関などの債権カットは、民事再生方式で可能であり、この方式は今や定着しつつある。

　したがって財政健全化法は、金利が高くなってもよいから、地方債・借入金について、財政破綻の場合は、民事再生法と同様に、債権カット・放棄を、余儀なくさせる、強制措置、すなわち借金棒引きシステムを、盛り込むべきである。このような措置がない状況で、財政状況で金利格差設定を、云々するのは、金融機関を儲けさせる、"為めにする"する論理である。

　第4に、起債自由化という、市場メカニズムにもとづく、資金調達につい

て、小規模団体の資金調達が困難となるとの、反対論があるが、小規模団体の資金であっても、小学校・福祉・下水道などの、補助認証事業については、政府資金の融資を、政府責任で調達するシステムをつくれば、問題はない。

第5に、市場メカニズムによる、自治体財政運営のチェック機能について、懐疑的見解もあり、資金市場に自治体資金が、振り回されるより、許可制による安定制度が、のぞましとの反論もある。

しかし、財政破綻団体への破産方式を導入による、財政再建システムが導入されれば、市場メカニズムが、その財政運営統制の威力を発揮する。一方、地方債発行について、住民投票制を導入し、市場・市民メカニズムの双方から、地方債をチェックするのが、理想である。

自治体財政再建のもっとも、有効で普遍的な手段は、資金による兵糧攻めである。政府の財政優遇措置廃止・財務監査という中央統制、市民オンブズマンによる、違法財務行為の住民訴訟より、資金枯渇が有効である。

公営企業の累積赤字が、いくらあっても、平然と赤字の垂れ流しをしているが、資金ショートが発生すれば、給与・ボーナス支払が滞り、経営再建に真剣に取り組まざるを得ないのである。

資金が枯渇すれば、なりふりかまわず、経営健全化に対処しなければならない。「尻に火が着いた自治体は、政府に促されて形式的に作る行政改革プランなどよりよほど真剣に行政改革に励むようになる[11]」はずである。

要するに「貸し手の厳しい審査に勝る破綻防止策はないし、そのためには貸し手である金融機関が正常なリスク感覚を取り戻すこと[12]」である。財政運営は、政府が指導しても、自治体が自己責任でやっても、失敗する時は失敗するが、政府指導での失敗は、自治体の行財政責任の形成には、寄与しない。

第6に、「一時借入金」については、夕張市の巨額の借入金で、あらためて問題がクローズアップされた。夕張市が、本来の一時的資金不足を、カバーする制度を悪用して、粉飾決算の手段としたことで、首長以下・議員の罪は万死に値するであろう。

しかし、問題は金融機関の責任である。脱法的融資を承知で、金融機関は

融資し、しかも破綻の責任はとらないし、融資額を不良債権として減額することもない。いわば「返済能力のない人に貸し込んで、多重債務に追い込むサラ金の所業にも似ている[13]」が、貸し倒れがなく、社会的非難という、制裁もうけない[14]。

　要するに金融機関は、地方団体にはデフォルトはないという、政府・自治体の弱みに付け込み、資金を注入し、結果として地方団体の粉飾決算に手を貸し、財政破綻を傷口をより大きくし、財政再建を阻害してきた。

　財政破綻を宣言した夕張市に「気前よく新手の資金を貸し込みむなどということは、およそ正気の沙汰ではない。銀行の経営責任が問われないのが不思議なほどである[15]」といわれているが、実際、夕張市破綻の隠れた共犯者である[16]。

　自治体財政の健全化のためには、財政破産では、民事方式と同様に、債権放棄をふくむ、再生計画を債権者で策定し、政府が認可するシステムを構築すべきである。

4　地域格差是正なき財政健全化は空論である

　地方税制度は、自治体の税源を、より多く付与することでなく、税源が財政力格差を、発生しないような、付与が政策的により重要である。その意味では、三位一体方式は、政策として根本的に間違っていた。

　第1に、現行制度は、全国一律の課税水準に、課税権を統一し、財源不足はすべて、交付税で面倒をみるという、システムになっている。要するに財政需要－地方税＝地方交付税収入となっている。

　このような結果、地方団体も住民も、自己負担の認識はなく、政府が財源を全部面倒を見てくれるという、安易な財政運営の姿勢が醸成されていった。これでは財政運営における、健全化への意欲は、湧かないはずである。

　第2に、地域格差は、どのような財政調整システムでも、是正は不可能であり、地方税制度との連携が必要である。すなわち地方税の標準税率は、低

めに設定し、富裕団体が、不均一超過課税・法定外税で、財政需要に見合った財源を獲得する、課税自主権を大幅に認める、制度に再編成しなければならない。

財政需要・担税力に、大きな差がある以上、大都市圏は課税方式で、地方都市圏は交付税での、財源補填方式で対応すべきである。

第3に、最低限度の地域サービスの財源保障が、前提条件である。たとえば生活保護行政は、純然たる社会保障行政であり、理論的には100%政府保障が、負担区分の原則である。

政府責任を捨象して、財源配分問題だけで、地方財政の財源を処理しようとした、机上演習的発想が、三位一体施策などといった、誤った改革となり、貧困団体を直撃する結果となった。

政府間財政関係において、まず行政サービスにおける、政府責任の線引きを明確にして、その後で、財源配分として、地方サービスの基礎的行政ニーズ充足を基本に、地方税・交付税・補助金を、組み立てることである。

このような地方税財政改革を実現しても、地域格差は発生する。財政健全化法で、財政再生団体と宣告されれば、自治体としては制度的に恭順の意を表して、減量化に取り組まなければならない。

しかし、全国の自治体は、さまざまであり、ことに「勝ち組」は、努力もしないでも、財政指標は良好であるが、「負け組」は、どのように努力をしても財政指標は、劣悪となる。

財政運営の点からみても、人口・経済が低迷しても、財政需要は減少しないが、財政収入は減少していく、たとえば過疎医療・バスの赤字がふくらみ、連結実質比率は悪化し、放漫財政の劣等生としての、刻印が押される。このような地域格差がもたらす、サービス型の財政破産を想定すると、つぎのような対応の早期注入がのぞまれる。

第1に、地域格差の是正である。本来、地域格差を是正すべき、政府の責任は棚上げされている。自治体がいくら卓抜した、地域開発施策を展開しても、構造的ハンディの克服は、不可能である。問題は政府が、地域格差是正

について、有効な施策をどれだけ注入したかである。

イギリスでは戦前・戦後にかけて、強力な工場分散施策を展開してきた。基本的は人口減少地区に工場を分散する。政府の奨励策は、工場建設・設備投資費の20～45％、新設備投資額に対する最高100％の減価償却による所得税優遇、内国歳入庁からの無利子融資、雇用選択税の分散地区労働者への還元である[17]。

しかし、日本では地域格差是正は、公共投資奨励による基盤整備先行型であり、工場進出がなければ、先行整備投資はムダな投資となり、自治体財政には借金だけが残る。

近年、自治体では工場誘致奨励金方式が、ひろがりをみせているが、この方式は財政力のある、富裕団体が成功し、財政力の貧弱な地方は、「負け組」となる、競争のメカニズムが作用する。どうしても政府による、奨励金方式が不可欠である。

第2に、地方財政において、政府は自治体における基礎的財政需要への財源保障を、最大の課題として、制度改革をし、制度運用をしていかなければならない。

たとえば交付税において、福祉・教育・保健・環境・警察といった、公共サービスの需要を、優先的に手当をし、開発関連・地域振興などの財源手当ては、生活支出の残余ですべきである。

地方財政制度の運用において、政府の役割は、自治体への規制・支配ではなく、基礎的行政ニーズの財源保障が、絶対条件である。以後、その財源を自治体が、創意・工夫で、施策にいかす裁量を認めていく、雅量がなければならない。

第3に、財政健全化法で、自治体財政破綻の防止はできるかは、資本整備型の財政破産は、ある程度の予防機能を発揮するであろう。しかし、粉飾決算にしても、一時借入金方式以外の手段もあり、隠れ借金方式も外郭団体への移管方式以外の方法も考えられ、阻止機能は万全とはいえない[18]。

さらに憂慮されるのは、サービス型の財政破産である。交通・病院・水道・

国民健康保険・介護サービスなどの、公営企業赤字である。放漫経営でなく、過疎小規模団体では、地域社会が低迷し、人口流失がつづくと、経営破綻は不可避である。

　すなわち過疎対策が、有効に注入されなければ、構造的破綻が各地で頻発していくであろう。政府の地方財政対策は、10年・20年遅れて稼働しいる。資本装置型の財政破産は、昭和50年代の産物であるが、20年遅れて、財政健全化法となった。

　サービス型財政破産は、乱脈投資とは異質の財政赤字であり、減量化では救済不可能であり、地域格差是正もふくめて、本格的なサービス行政への財政支援をともなう、過疎貧困財政対策を、現時点で構築済みでなければならない。

　第4に、自治体破産法の制定が必要である。財政健全化法は、従来の再建法と同様に、政府が赤字再建債の発行を認可し、低利無利子で救済する方針である。再建の方法としては、アメリカ連邦破産法（第9章）のように、債権者総額の3分の2以上の同意で、再建計画を決定し、実施するシステムがある。

　夕張市の場合でも、外郭団体の破産処理なみの、2分の1債権放棄が決定されると、債務360億円は、一気180億円に削減される。その見返りとして夕張市は政府・北海道庁の低利貸付金・特別支援措置などで年1億円の喪失となるが、債権圧縮方式では10年間で、年間約20億円で、圧倒的に有利である。

　このような方式で危惧されるのは、再建手続が不調に終わった場合は、どうするかであるが、個人の自己破産と同様である。普通財産は売却されるが、行政財産は処分不可能であり、補助金・交付税でも生活保護・保育措置費などの生活行政費は、差押えは不可能であろう。実際、問題として現在の再建計画と、同様のサービス水準となるが、債務が減額された分だけ、破産自治体にとっては有利である。

　結局、破産のツケをどう振り分けるかであり、現在では自己責任の美名の

もとに市民・職員となっている。政府・道府県・金融機関も負担する適正な配分システムとすべきである。

債権放棄方式を導入すると、当該自治体は、資金調達が不可能となるとの危惧があるが、小学校・福祉施設・災害復旧事業費は、必要経費であり、政府が責任をもって政府資金で調達すべき分野である。

地方財政において、災害復興については、阪神大震災後、生活再建措置も充実し、自治体の災害復興事業補助も拡充された。しかし、地方財政の財政破綻の原因に対する、対応は不十分である。夕張市の財政破綻の、そもそもの原因である、炭鉱企業の廃業について、社会的責任はなんら問われないのかである[19]。

再建団体の指定は、禁治産者のレッテルを張られ、地方自治権が実質的に政府に奪われるという、拒否反応から、自治体は自主再建に固執する。しかし、民間方式であれば、話は別であり、債権放棄の見返りとして再建計画実施を強要されても、個別の内政干渉でなく、包括的財政拘束であり、基本は自主再建で、已むを得ないという、淡泊な気持ちで受託すればよい。

現行地方行財政制度の改革処方箋としては、官庁会計から脱却した公会計にもとづく、財政診断の適用であり、万一、財政破産した場合、債権放棄をふくむ破産処理の整備である。さらに市民統制をベースにした、財政資料の公開制、財政支出決定の合理性（費用効果分析導入）、住民投票の適用などを骨子とする、財政健全化法が不可欠である。政府が如何に、監督・規制システムを整備しても、自治体の経営マインドが発達し、運営戦略が成熟しない限り、自治体財政の健全化は達成できないであろう。

(1) この点について、「真の利害関係者を破綻防止スキームから除外し……逆に、真の利害関係を有していない国のプレゼンスと権限を強化しようとしている。行政における　地方分権も経済における市場主義もせんじつめれば利害関係を有する者（ステイクホールダーズ）の判断を尊重し、その関与と責任に委ねる……それが最も有効かつ適切な　結果をもたらすとの経験則に基づいている。そのことは『における中央集権主義の弊害と経済における官僚制の失敗を見ればよく理解で

きる』」(片山・前掲論文18頁) といわれている。

(2)・(3) 片山・前掲論文17頁

(4) この点について、政府の安易な施策を「当てにしてはいっけない。国が自治体の財政の持続可能性のことを真剣に考えながら関与してきたとは到底思えない」(片山・前掲論文15頁) といわれている。さらに個別の地方債許可についてみても、「人口1万3千人の小さな自治体が300億円を超える市債残高を抱えるに至っているが、これらは決してこそこそ隠れて地方債を発行したわけではない。全て国のお墨付きを得て正々堂々と発行したものである。木を見て森を見ざるというが、これまでの国の関与とはその程度のもの」(同前15頁) なのである。要するに「どうせ自分の懐のことでもなく、また、自分の金を貸すわけでもない官僚が、他人の台所事情をそんなに親身になって案じてくれるなどと期待するのがそもそも間違っている。やはり、わが町が財政破綻しないようにハラハラすべきは、国のお役人などではなく、住民の代表である議会だとこの際しっかりと肝に銘じておくべきだろう」(同前15頁) といわれている。

(5) 本来、交付税制度の変更で、対処すべきであった。制度変更とは、地方税増収措置とか交付税率の引上げである。しかし、昭和50年度の対応は、制度の改正とはいえない、借入金方式で2兆円もの、巨額の交付税財源不足を補填した。その方式は、建設地方債を自治体に発行させ、その償還財源を次年度以降で、面倒をみるという姑息な方法であった。すなわち地方財政運営において、政府は昭和50年の交付税財源不足において、断固たる改革をすることなく、地方交付税特別会計が、借金をするという安易な対応をなした。

(6) 地方債許可制の必要性のない点、また弊害については、高寄昇三『現代地方債論』(勁草書房、昭和63年) 153～199頁参照。

(7) この点について、「自治体の起債について国の関与があるということは、自治体が自らの判断と責任において金を借りられるだけの資格がないということを意味している。全ての自治体がいわば成年後見制度のもとに置かれているようなもので、地域の自立と地方分権置めざす今日にあっては、国の時代錯誤的関与というほかない」(片山・前掲論文15頁) といわれている。

(8) この点について、現在のような対応では、「金融機関が貸し出し先の財政状況を評価し、リスクが高いと認定した場合に金利を高くするのは金融の常識である。……ところが、財政状況が悪化しているにもかかわらず従前と同じ低い金利で資金調達ができるのであれば、借り入れに対する抑制効果も働かなければ財政状況を改善させようとする動機も生じない」(片山・前掲論文15頁) といわれている。

(9) この点について、金融における正常なメカニズムからは、「そもそも貸し手の評

価によって貸すことができないとされた自治体は、もうこれ以上借入をしてはならないのだ。借りられない自治体がさらに借りるから破綻は起きる。……もとより起債ができない自治体は当面大いに困るだろうが、だからといって国が手助けをして起債ができるようにしてあげるとすれば、それは親切でも何でもなくて、単に破綻に手を貸しているに過ぎない」(片山・前掲論文16・17頁)のである。

(10) 片山・前掲論文15頁。(11)・(12)同前17頁。(13)同前15頁。

(14) この点について、「自治体に対して金を貸す際には、金融機関はリスク感覚を麻痺させているかのごときだ。……地方債の元利償還については国が保証していると素朴に信じている金融機関の関係者は多い。一体どこにそんな根拠があるのだろう。……地方債に政府保証債など一切ないことを認識しておく必要がある」(片山・前掲論文 15・16頁)といわれている。

(15) 片山・前掲論文16頁。

(16) 金融機関の問題は、地方財政法でも地方財政健全化法でも、「金融機関は蚊帳の外に置かれている。それは決して無視されたり軽視されたりしているからではない。逆に不当に保護されているからである。一般に金を借りている者が返せなくなったとき、担保や保証人がなけれ貸し手は何らかの損失をこうむることになる。ところが、この法案はどうやら『貸し手責任』を問わないことを前提にしているらしいのである。これでは金融機関のリスク感覚は一向に回復しないし、今後も能天気な状態は続くに違いない。借り手の破綻を防止するには、貸し手の厳しい審査に勝るものはないと考えるのが常識だ」(片山・前掲論文17・18頁)といわれている。

(17) 高寄昇三『現代イギリスの都市政策』(勁草書房、平成8年) 1～62頁。

(18) 大阪府は、財政再建を回避するため、減債基金を崩していたが、それでも財源不足が生じ、一括償還方式の処理において、基準の10年目50%という、処理原則に反して、10～15%の処理ですます、苦肉の策を弄して、3,500億円の粉飾決算をしてきた。この対応は「不適切であるが、違法ではない」が、情報公開の原則に反している。このような対応は、財政健全化法の健全化判断比率などの数値設定が、実際と違うことになり、実質的に健全化法の形骸化をもたらす。このような粉飾決算類似の行為は、行政責任を追求されるべきである。朝日新聞・平成19年12月30・31日参照。

(19) 赤平市の住友炭鉱は、グループで跡地企業誘致をし、私有地を安価に市に売却し、事業対策費30億円を投入するなど、社会的責任を果たしたが、三菱夕張は市に10億円の基金を拠出し、それなりの責任を払った。しかし、北炭は用地を高値で市に売り付けた。ここにも夕張市破産の伏線がみられる。平岡・前掲書66～69頁。

〈参考文献〉

高寄昇三『現代地方債論』勁草書房、昭和63年7月。
高寄昇三『現代イギリスの地方財政』勁草書房、平成7年11月。
高寄昇三『現代イギリスの都市政策』勁草書房、平成8年11月
高寄昇三『現代イギリスの地方自治』勁草書房、平成8年12月
高寄昇三『自治体財政・破綻か再生か』学陽書房、平成13年11月。
高寄昇三『交付税の解体と再編成』公人の友社、平成14年3月。
佐々木信夫『市町村合併』筑摩書房、平成14年7月。
高寄昇三『自治体人件費の解剖』公人の友社、平成15年8月。
高寄昇三『自治体企業会計導入の戦略』公人の友社、平成15年9月。
高寄昇三『新地方自治の経営』学陽書房、平成16年7月。
平岡和久等『夕張・破綻と再生』自治体研究社、平成19年2月
橋本行史『自治体破たん・「夕張ショック」の本質』公人の友社、平成19年5月。
日本経済新聞編『地方崩壊再生の道はあるか』日本経済新聞、平成19年6月。
土居丈朗『地方債改革の経済学』日本経済新聞、平成19年6月
平岡和久・森裕之『新型交付税と財政健全化法を問う』自治体研究社、平成19年9月
地方自治職員研修臨時増刊86『財政健全化法と自治体』公職研、平成19年11月。
『地方財務』編集局編『自治体財政健全化法のしくみ』月刊『地方財務・12月号』別冊付録、平成19年12月

[著者略歴]
1934年　神戸市に生まれる。
1959年　京都大学法学部卒業。
1960年　神戸市役所にはいる。
1975年　「地方自治の財政学」にて「藤田賞」受賞。
1979年　「地方自治の経営」にて「経営科学文献賞」受賞。
1985年　神戸市退職。甲南大学教授。
2003年　姫路獨協大学教授。
2007年　退職。

[著書]
『市民自治と直接民主制』、『地方分権と補助金改革』『交付税の解体と再編成』、『自治体企業会計導入の戦略』、『自治体人件費の解剖』、『大正地方財政史上巻』(以上、公人の友社)、『阪神大震災と自治体の対応』、『自治体の行政評価システム』、『地方自治の政策経営』、『自治体の行政評価導入の実際』、『自治体財政破綻か再生か』(以上、学陽書房)、『現代イギリスの地方財政』、『地方分権と大都市』、『現代イギリスの地方自治』、『地方自治の行政学』、『新・地方自治の財政学』、『明治地方財政史・Ⅰ～Ⅵ』(以上、勁草書房)、『高齢化社会と地方自治体』(日本評論社)、その他多数。

地方自治ジャーナルブックレット No46
地方財政健全化法で財政破綻は阻止できるか
――夕張・篠山市の財政運営責任を追求する

2008年3月25日　初版発行　　　定価（本体1200円＋税）

　　著　者　　高寄　昇三
　　発行人　　武内　英晴
　　発行所　　公人の友社
　　　　　　〒112-0002　東京都文京区小石川5－26－8
　　　　　　TEL 03-3811-5701　FAX 03-3811-5795
　　　　　　Eメール　koujin@alpha.ocn.ne.jp
　　　　　　http://www.e-asu.com/koujin/

自治体再構築

松下圭一(法政大学名誉教授)　定価 2,800 円

- ●官治・集権から自治・分権への転型期にたつ日本は、政治・経済・文化そして軍事の分権化・国際化という今日の普遍課題を解決しないかぎり、閉鎖性をもった中進国状況のまま、財政破綻、さらに「高齢化」「人口減」とあいまって、自治・分権を成熟させる開放型の先進国状況に飛躍できず、衰退していくであろう。
- ●この転型期における「自治体改革」としての〈自治体再構築〉をめぐる 2000 年～2004 年までの講演ブックレットの総集版。

1　自治体再構築の市民戦略
2　市民文化と自治体の文化戦略
3　シビル・ミニマム再考
4　分権段階の自治体計画づくり
5　転型期自治体の発想と手法

社会教育の終焉 [新版]

松下圭一(法政大学名誉教授)　定価 2,625 円

- ●86年の出版時に社会教育関係者に厳しい衝撃を与えた幻の名著の復刻・新版。
- ●日本の市民には、〈市民自治〉を起点に分権化・国際化をめぐり、政治・行政、経済・財政ついで文化・理論を官治・集権型から自治・分権型への再構築をなしえるか、が今日あらためて問われている。

序章　日本型教育発想
Ⅰ　公民館をどう考えるか
Ⅱ　社会教育行政の位置
Ⅲ　社会教育行政の問題性
Ⅳ　自由な市民文化活動
終章　市民文化の形成　　あとがき　　新版付記

自治・議会基本条例論　自治体運営の先端を拓く

神原　勝(北海学園大学教授・北海道大学名誉教授)　定価 2,625 円

生ける基本条例で「自律自治体」を創る。その理論と方法を詳細に説き明かす。7年の試行を経て、いま自治体基本条例は第2ステージに進化。めざす理想型、総合自治基本条例＝基本条例＋関連条例

プロローグ
Ⅰ　自治の経験と基本条例の展望
Ⅱ　自治基本条例の理論と方法
Ⅲ　議会基本条例の意義と展望
エピローグ
条例集
1　ニセコ町まちづくり基本条例
2　多治見市市政基本条例
3　栗山町議会基本条例

政策・法務基礎シリーズ
――東京都市町村職員研修所編

朝日カルチャーセンター 地方自治講座ブックレット

No.1 これだけは知っておきたい 自治立法の基礎 600円［品切れ］

No.2 これだけは知っておきたい 政策法務の基礎 800円

No.1 自治体経営と政策評価
山本清 1,000円

No.2 ガバメント・ガバナンスと行政評価システム
星野芳昭 1,000円

No.4 政策法務は地方自治の柱づくり
辻山幸宣 1,000円

No.5 政策法務がゆく
北村喜宣 1,000円

No.8 持続可能な地域社会のデザイン
植田和弘 1,000円

No.9 政策財務の考え方
加藤良重 1,000円

No.10 市場化テストをいかに導入するべきか 〜市民と行政
竹下譲 1,000円

都市政策フォーラム ブックレット
（首都大学東京・都市教養学部 都市政策コース 企画）

No.1 「新しい公共」と新たな支え合いの創造へ ―多摩市の挑戦―
首都大学東京・都市政策コース 900円

No.2 景観形成とまちづくり ―「国立市」を事例として―
首都大学東京・都市政策コース 1,000円

シリーズ「生存科学」
（東京農工大学生存科学研究拠点 企画・編集）

No.2 再生可能エネルギーで地域がかがやく ―地産地消型エネルギー技術―
秋澤淳・長坂研・堀尾正靱・小林久著 1,100円

No.4 地域の生存と社会的企業 ―イギリスと日本とのひかくをとおして―
柏雅之・白石克孝・重藤さわ子 1,200円

No.5 地域の生存と農業知財
澁澤栄／福井隆／正林真之 1,000円

No.6 風の人・土の人 ―地域の生存とNPO―
千賀裕太郎・白石克孝・柏雅之・福井隆・飯島博・曽根原久司・関原剛 1,400円

No.20 あなたのまちの学級編成と地方分権 田嶋義介 1,200円

No.21 自治体も倒産する 加藤良重 1,000円

No.22 ボランティア活動の進展と自治体の役割 山梨学院大学行政研究センター 1,200円

No.23 新版・2時間で学べる「介護保険」 加藤良重 800円

No.24 男女平等社会の実現と自治体の役割 山梨学院大学行政研究センター 1,200円

No.25 市民がつくる東京の環境・公害条例 市民案をつくる会 1,000円

No.26 東京都の「外形標準課税」はなぜ正当なのか 青木宗明・神田誠司 1,000円

No.27 少子高齢化社会における福祉のあり方 山梨学院大学行政研究センター 1,200円

No.28 財政再建団体 橋本行史 1,000円 [品切れ]

No.29 交付税の解体と再編成 高寄昇三 1,000円

No.30 町村議会の活性化 山梨学院大学行政研究センター 1,200円

No.31 地方分権と法定外税 外川伸一 800円

No.32 東京都銀行税判決と課税自主権 高寄昇三 1,000円

No.33 都市型社会と防衛論争 松下圭一 900円

No.34 中心市街地の活性化に向けて 山梨学院大学行政研究センター 1,100円

No.35 自治体企業会計導入の戦略 高寄昇三 1,100円

No.36 行政基本条例の理論と実際 神原勝・佐藤克廣・辻道雅宣 1,100円

No.37 市民文化と自治体文化戦略 松下圭一 800円

No.38 まちづくりの新たな潮流 山梨学院大学行政研究センター 1,200円

No.39 ディスカッション・三重の改革 中村征之・大森彌 1,200円

No.40 政務調査費 宮沢昭夫 1,200円

No.41 市民自治の制度開発の課題 山梨学院大学行政研究センター 1,100円

No.42 《改訂版》自治体破たん・「夕張ショック」の本質 橋本行史 1,200円

No.43 分権改革と政治改革～自分史として 西尾勝 1,200円

No.44 自治体人材育成の着眼点 浦野秀一・井澤壽美子・野田邦弘・西村浩二・三関浩司・杉谷知也・坂口正治・田中富雄 1,200円

No.45 障害年金と人権 ―代替的紛争解決制度と大学・専門集団の役割― 橋本宏子・森田明・湯浅和恵・池原毅和・青木久馬・澤静子・佐々木久美子 1,400円

No.46 地方財政健全化法で財政破綻は阻止できるか 高寄昇三 1,200円

TAJIMI CITY ブックレット

No.2 転型期の自治体計画づくり 松下圭一 1,000円

No.3 これからの行政活動と財政 西尾勝 1,000円

No.4 構造改革時代の手続的公正と第2次分権改革 手続的公正の心理学から 鈴木庸夫 1,000円

No.5 自治基本条例はなぜ必要か 辻山幸宣 1,000円 [品切れ]

No.6 自治のかたち法務のすがた 政策法務の構造と考え方 天野巡一 1,100円

No.7 自治体再構築における行政組織と職員の将来像 今井照 1,100円

《平成16年度》

No.100 自治体再構築の市民戦略
松下圭一 900円

No.101 維持可能な社会と自治 ~『公害』から『地球環境』へ
宮本憲一 900円

No.102 道州制の論点と北海道
佐藤克廣 1,000円

No.103 自治体基本条例の理論と方法
神原勝 1,100円

No.104 働き方で地域を変える ~フィンランド福祉国家の取り組み
山田眞知子 800円

《平成17年度》

No.107 公共をめぐる攻防 ~市民的公共性を考える
樽見弘紀 600円

No.108 三位一体改革と自治体財政
岡本全勝・山本邦彦・北良治・逢坂誠二・川村喜芳 1,000円

No.109 連合自治の可能性を求めて サマーセミナー in 奈井江
松岡市郎・堀則文・三本英司・佐藤克廣・砂川敏文・北良治 他 1,000円

No.110 「市町村合併」の次は「道州制」か
高橋彦芳・北良治・脇紀美夫・碓井直樹・森啓 1,000円

No.111 コミュニティビジネスと建設帰農
松本懿・佐藤吉彦・橋場利夫・山北博明・飯野政一・神原勝 1,000円

No.112 「小さな政府」論とはなにか
牧野富夫 700円

No.113 栗山町発・議会基本条例
橋場利勝・神原勝 1,200円

No.114 北海道の先進事例に学ぶ
宮谷内留雄・安斎保・見野全・佐藤克廣・神原勝 1,000円

《平成18年度》

No.115 地方分権改革のみちすじ —自由度の拡大と所掌事務の拡大—
西尾勝 1,200円

地方自治ジャーナルブックレット

No.2 政策課題研究の研修マニュアル
首都圏政策研究・研修研究会 1,359円 [品切れ]

No.3 使い捨ての熱帯林
熱帯雨林保護法律家リーグ 971円

No.4 自治体職員世直し志士論
村瀬誠 971円

No.5 行政と企業は文化支援で何ができるか
日本文化行政研究会 1,166円

No.7 パブリックアート入門
竹田直樹 1,166円 [品切れ]

No.8 市民的公共と自治
今井照 1,166円 [品切れ]

No.9 ボランティアを始める前に
佐野章二 777円

No.10 自治体職員の能力
自治体職員能力研究会 971円

No.11 パブリックアートは幸せか
山岡義典 1,166円

No.12 市民がになう自治体公務
パートタイム公務員論研究会 1,359円

No.13 行政改革を考える
山梨学院大学行政研究センター 1,166円

No.14 上流文化圏からの挑戦
山梨学院大学行政研究センター 1,166円

No.15 市民自治と直接民主制
高寄昇三 951円

No.16 議会と議員立法
上田章・五十嵐敬喜 1,600円

No.17 分権段階の自治体と政策法務
松下圭一他 1,456円

No.18 地方分権と補助金改革
高寄昇三 1,200円

No.19 分権化時代の広域行政
山梨学院大学行政研究センター 1,200円

No.56 財政運営と公会計制度
宮脇淳 1,100円

No.57 自治体職員の意識改革を如何にして進めるか
林嘉男 1,000円 [品切れ]

《平成12年度》

No.59 環境自治体とISO
畠山武道 700円

No.60 転型期自治体の発想と手法
松下圭一 900円

No.61 分権の可能性 スコットランドと北海道
山口二郎 600円

No.62 機能重視型政策の分析過程と財務情報
宮脇淳 800円

No.63 自治体の広域連携
佐藤克廣 900円

No.64 分権時代における地域経営
見野全 700円

No.65 町村合併は住民自治の区域の変更である。
森啓 800円

No.66 自治体学のすすめ
田村明 900円

No.67 市民・行政・議会のパートナーシップを目指して
松山哲男 700円

No.69 新地方自治法と自治体の自立
井川博 900円

No.70 分権型社会の地方財政
神野直彦 1,000円

No.71 自然と共生した町づくり 宮崎県・綾町
森山喜代香 700円

No.72 情報共有と自治体改革 ニセコ町からの報告
片山健也 1,000円

《平成13年度》

No.73 地域民主主義の活性化と自治体改革
山口二郎 600円

No.74 分権は市民への権限委譲
上原公子 1,000円

No.75 今、なぜ合併か
瀬戸亀男 800円

No.76 市町村合併をめぐる状況分析
小西砂千夫 800円

No.78 ポスト公共事業社会と自治体政策
森啓 800円

No.80 自治体人事政策の改革
五十嵐敬喜 800円

No.82 地域通貨と地域自治
矢作弘 700円

No.83 北海道経済の戦略と戦術
西部忠 900円

No.84 地域おこしを考える視点
宮脇淳 800円

《平成14年度》

No.87 北海道行政基本条例論
神原勝 1,100円

No.90 「協働」の思想と体制
森啓 800円

No.91 協働のまちづくり 三鷹市の様々な取組みから
秋元政三 700円

《平成15年度》

No.92 シビル・ミニマム再考 ベンチマークとマニフェスト
松下圭一 900円

No.93 市町村合併の財政論
高木健二 800円

No.95 市町村行政改革の方向性 〜ガバナンスとNPMのあいだ
佐藤克廣 800円

No.96 創造都市と日本社会の再生
佐々木雅幸 800円

No.97 地方政治の活性化と地域政策
山口二郎 800円

No.98 多治見市の政策策定と政策実行
西寺雅也 800円

No.99 自治体の政策形成力
森啓 700円

No.18 行政の文化化
森啓 [品切れ]

No.19 政策法学と条例
阿倍泰隆 [品切れ]

No.20 政策法務と自治体
岡田行雄 [品切れ]

No.21 分権時代の自治体経営
北良治・佐藤克廣・大久保尚孝 [品切れ]

No.22 地方分権推進委員会勧告とこれからの地方自治
西尾勝 500円

No.23 産業廃棄物と法
畠山武道 [品切れ]

No.25 自治体の施策原価と事業別予算
小口進一 600円

No.26 地方分権と地方財政
横山純一 [品切れ]

《平成10年度》

No.27 比較してみる地方自治
田口晃・山口二郎 [品切れ]

No.28 議会改革とまちづくり
森啓 400円

No.29 自治の課題とこれから
逢坂誠二 [品切れ]

No.30 内発的発展による地域産業の振興
保母武彦 [品切れ]

No.31 地域の産業をどう育てるか
金井一頼 600円

No.32 金融改革と地方自治体
宮脇淳 600円

No.33 ローカルデモクラシーの統治能力
山口二郎 400円

No.34 政策立案過程への「戦略計画」手法の導入
佐藤克廣 [品切れ]

No.35 98サマーセミナーから「変革の時」の自治を考える
[品切れ]

No.36 地方自治のシステム改革
辻山幸宣 [品切れ]

《平成11年度》

No.37 分権時代の政策法務
礒崎初仁 [品切れ]

No.38 地方分権と法解釈の自治
兼子仁 [品切れ]

No.39 市民的自治思想の基礎
今井弘道 500円

No.40 自治基本条例への展望
辻道雅宣 [品切れ]

No.41 少子高齢社会と自治体の福祉法務
加藤良重 400円

No.42 改革の主体は現場にあり
山田孝夫 900円

No.43 自治と分権の政治学
鳴海正泰 1,100円

No.44 公共政策と住民参加
宮本憲一 1,100円

No.45 農業を基軸としたまちづくり
小林康雄 800円

No.46 これからの北海道農業とまちづくり
篠田久雄 800円

No.47 自治の中に自治を求めて
佐藤守 1,000円

No.48 介護保険は何を変えるのか
池田省三 1,100円

No.49 介護保険と広域連合
大西幸雄 1,000円

No.50 自治体職員の政策水準
森啓 1,100円

No.51 分権型社会と条例づくり
篠原一 1,000円

No.52 自治体における政策評価の課題
佐藤克廣 1,000円

No.53 小さな町の議員と自治体
室崎正之 900円

No.54 地方自治を実現するために法が果たすべきこと
木佐茂男 [未刊]

No.55 改正地方自治法とアカウンタビリティ
鈴木庸夫 1,200円

地域ガバナンスシステム・パートナーシップシリーズ
（龍谷大学地域人材・公共政策開発システム オープン・リサーチ・センター企画・編集）

No.6 マーケットと地域をつなぐ協会という連帯のしくみ
白石克孝編・園田正彦著 1,000円

No.7 政府・地方自治体と市民社会の戦略的連携
——英国コンパクトにみる先駆性——
的場信敬編著 1,000円

No.8 財政縮小時代の人材戦略
多治見モデル
大矢野修編著 1,400円

No.9 行政修士教育と人材育成
——米中の現状と課題——
坂本勝著 1,100円

No.10 アメリカ公共政策大学院の認証評価システムと評価基準
——NASPAAのアクレディテーションの検証を通して——
早田幸政著 1,200円

No.11 持続可能な都市自治体づくりのためのガイドブック
「オルボー憲章」「オルボー誓約」翻訳所収
白石克孝・レクレィ日本事務所編 1,100円

No.5 英国における地域戦略パートナーシップへの挑戦
白石克孝編・的場信敬監訳 900円

No.4 暮らしに根ざした心地良いまち
野呂昭彦・逢坂誠二・関原剛・吉本哲郎・白石克孝・堀尾正靱 1,100円

No.3 公共政策教育と認証評価システム——日米の現状と課題——
坂本勝 編著 1,100円

No.2 地域人材を育てる自治体研修改革
土山希美枝 900円

No.1 自治体研修改革

地方自治土曜講座ブックレット

《平成7年度》

No.1 現代自治の条件と課題
神原勝 【品切れ】

No.2 自治体の政策研究
森啓 600円

No.3 現代政治と地方分権
山口二郎 【品切れ】

No.4 行政手続と市民参加
畠山武道 【品切れ】

No.5 成熟型社会の地方自治像
間島正秀 【品切れ】

No.6 自治体法務とは何か
木佐茂男 【品切れ】

No.7 自治と参加アメリカの事例から
佐藤克廣 【品切れ】

No.8 政策開発の現場から
小林勝彦・大石和也・川村喜芳 【品切れ】

《平成8年度》

No.9 まちづくり・国づくり
五十嵐広三・西尾六七 【品切れ】

No.10 自治体デモクラシーと政策形成
山口二郎 【品切れ】

No.11 自治体理論とは何か
森啓 【品切れ】

No.12 池田サマーセミナーから
間島正秀・福士明・田口晃 【品切れ】

No.13 憲法と地方自治
中村睦男・佐藤克廣 【品切れ】

No.14 まちづくりの現場から
斎藤外一・宮嶋望 【品切れ】

No.15 環境問題と当事者
畠山武道・相内俊一 【品切れ】

No.16 情報化時代とまちづくり
千葉純・笹谷幸一 【品切れ】

No.17 市民自治の制度開発
神原勝 【品切れ】

《平成9年度》

北海道自治研ブックレット

No.1 市民・自治体・政治
再論・人間型としての市民
松下圭一 1,200円

「官治・集権」から
「自治・分権」へ

市民・自治体職員・研究者のための
自治・分権テキスト

《出版図書目録》

公人の友社

112-0002　東京都文京区小石川 5 − 26 − 8
TEL　03-3811-5701
FAX　03-3811-5795
メールアドレス　koujin@alpha.ocn.ne.jp

● ご注文はお近くの書店へ
　小社の本は店頭にない場合でも、注文すると取り寄せてくれます。
　書店さんに「公人の友社の『〇〇〇〇』をとりよせてください」とお申し込み下さい。5日おそくとも10日以内にお手元に届きます。
● 直接ご注文の場合は
　電話・FAX・メールでお申し込み下さい。（送料は実費）
　　TEL　03-3811-5701　FAX　03-3811-5795
　　メールアドレス　koujin@alpha.ocn.ne.jp

（価格は、本体表示、消費税別）